中学校・高校

ピア・サポートを生かした学級づくりプログラム

ピア・サポート・コーディネーター，公認心理師
山口 権治 著

明治図書

はじめに

　約40年前，私が教師となったころにこのような言葉を聞きました。それは「部活動をうまく指導できる教員は，クラス運営もうまい」という言葉です。女子のソフトテニス部の顧問となった私は，テニスの経験はありませんでした。生徒と一緒に頑張ろうと思いました。テレビアニメの「巨人の星」を見て育った私は，テニスの上手・下手は能力の差ではなく練習量の差であると考えました。それならば練習あるのみ。強豪校が2時間練習するなら，こちらは3時間。強豪校が素振り200回するならば，こちらは300回。そうすれば必ず強くなる。これが当時の私の考えでした。朝練は一番乗り，生徒と一緒にランニングをしました。私も生徒もずいぶん頑張りましたが，大会ではいつも1回戦敗退。それが続くと退部する生徒が続出しました。特にうまい生徒ほど辞めていきました。当時は気づきませんでしたが，テニスの素人の私からケチをつけられるわけですからうまい生徒は辞めて当然です。残ったのは，テニスは下手ですが，私の考えについてくる生徒だけとなりました。こうなってやっと，教師がすべてを指示・命令するコントロール型のやり方ではだめだと気がつきました。そこで上級生と「どのような成果をあげたいのか」「どんな練習をしたいのか」を話し合うようにしました。その結果，それまで顧問が決めていたその日の練習メニューを，キャプテンと話し合って決めるようになりました。折に触れて部活の状況を聞き，問題があれば生徒と協力して解決するようにしました。顧問である私が納得するまで際限なく行っていた練習を，毎日時間を決めて終わるようにもしました。そうすると，生徒が自主的に練習する姿が見受けられるようになってきました。生徒が自主的に練習に取り組むようになると，それとともに試合にも勝つことができるようになりました。生徒が主役であり，顧問は生徒をゴールまで連れていくためのリーダーだということ，そして教師の仕事とは，生徒が自ら考え，行動できるように指導して，自立に導くことだと気づきました。そこで，そのことを深めるためにカウンセリングを学び，それを通じてコミュニケーションの大切さを知りました。価値観・人生観が大きく変わったのです。

　その後，教育相談に携わるようになった2000年ごろ，生徒同士が助け合うピア・サポートと出会いました。そこで，生徒の大多数が悩みを生徒同士で相談していることや，いじめを止めてほしい人も，解決している人も友人であるということを知りました。子どもの問題は大人が解決できないことが多いようです。ピア・サポートとは，支援することであり，これが友人を支えるための力となるものだと知りました。ピア・サポートとは生徒の自立を促すものであり，今後はピア・サポートが重要だと確信しました。

　その後，静岡県立浜松江之島高等学校に赴任して保健主事になったことをきっかけとして，

保健委員会でピア・サポートに取り組みました。1，2年生の各クラスの保健委員2名と生徒会役員，希望者を集めて放課後にピア・サポート・トレーニングを年間10回行いました。初回の参加者は約40名でした。ピア・サポートという言葉を知っている方はほとんどいない中で，校長，副校長は興味をもって見学に来てくれました。初回のトレーニングでは，異学年，男女混合の集団でしたので，お互いに知らない生徒が多く集まりました。教室には緊張がみなぎっていました。教室はいつもと違って机がなく椅子だけでしたので，お互いの顔が見えるレイアウトとなっていました。授業の形態とは違って生徒には新鮮な感じがしたようです。「バースデイライン」，「自己紹介・他己紹介」，「ほめほめワーク」などコミュニケーションにまつわる楽しいワークが目白押しでしたので，15分ほどですべての生徒が笑顔に変わっていきました。管理職の方々の驚く顔が印象に残っています。何かが変わる予感がしました。10回のピア・サポート・トレーニングを修了した生徒には校長先生から修了バッジと証書が贈られました。バッジは美術科の先生にデザインしてもらったオリジナルのものでした。このバッジは生徒には評判がよく，バッジほしさにピア・サポート・トレーニングに参加する生徒もいたほどでした。

　翌年トレーニングを修了した数名のピア・サポーターと共に近隣の小中学校にピア・サポートの出前授業に出かけて指導をしました。高校生が小中学生を指導し，小中学生が笑顔になりました。この活動が評判となり，小中学校から出前授業の依頼が増えてきました。指導を受けた中学生の中にはピア・サポートの魅力に感化され，浜松江之島高校に進学してピア・サポートをやりたいという子どもも出てきました。

　私は2016年3月で定年退職し，現在は第一学院高等学校と浜松市教育委員会に所属しピア・サポートを教えています。やりたいことをやらせてもらえる幸せを感じているところです。

　2010年に浜松江之島高校で細々と始めたピア・サポートですが，当時はこの言葉の存在すら知らない人が大多数でした。第一学院高等学校の全国のキャンパスで実践され，浜松市の小中学校にもピア・サポートは広がっています。私がお手伝いしている愛知県一宮市では2017年度から全市でピア・サポートに取り組むようになりました。不登校，いじめが減らない今，スクールカウンセラーや適応指導教室など大人の視点だけでは問題の全ては解決されるとはいえない面があります。生徒の問題は，生徒自身が解決するピア・サポートの視点も必要になるのではないでしょうか。しかし，生徒には人間関係の間に立って問題を解決するためのスキルがありません。生徒を指導するのは先生です。そこでこの本を出版することにしました。ピア・サポートを生かして，生徒同士が自ら支え合う集団を育てたいと願う先生方に，この本を少しでもお役立ていただければ幸いです。

　8年前，私を信じてついてきくれた生徒たち，私の活動を理解し，支援してくれた先生方，ピア・サポートにかかわったすべての人に，この場を借りて厚くお礼を申し上げます。また，この本の執筆にあたり高校の同窓である山崎裕人氏に文章面での助力を仰ぎました。

2019年1月　山口　権治

CONTENTS

はじめに

ピア・サポートを生かした学級づくりプログラム　導入のポイント

1　ピア・サポートとは？ ……8
2　「主体的・対話的で深い学び」（アクティブ・ラーニング）とピア・サポート ……12
3　活動への不安・緊張を軽減する ……14
4　動機づけを高める工夫をする ……15
5　振り返りの時間を必ずとる ……16

ピア・サポートを生かした学級づくりプログラム

❶出会いの時期の交流を促す

1　ひたすらじゃんけん ……18
2　じゃんけん列車 ……20
3　セブンイレブンじゃんけん ……22
4　グー・チョキ・パーじゃんけん ……24
5　バースデイライン ……26
6　ファーストネームライン＆ウェイクアップライン ……28
7　お手玉ゲーム ……30
8　ネームゲーム ……32
9　質問じゃんけんで自己紹介＆ホメホメワーク ……34

❷ 学級の結びつきを強める

- 10　膝たたきウェーブ ……………………………………………… 38
- 11　チェアーウェーブ ……………………………………………… 40
- 12　トントン・パッ ………………………………………………… 42
- 13　木とリス ………………………………………………………… 44
- 14　パーフェクト・ザ・ニコイチ ………………………………… 46
- 15　チャレンジ・ザ・迷画 ………………………………………… 48
- 16　足し算トーク …………………………………………………… 52
- 17　トラストウォーク ……………………………………………… 56

❸ 聞く力を身につける

- 18　一方通行と双方向のコミュニケーション …………………… 58
- 19　良い聞き方・悪い聞き方 ……………………………………… 62
- 20　くり返しの技法 ………………………………………………… 66
- 21　事実と気持ちの理解 …………………………………………… 70
- 22　要約の技法 ……………………………………………………… 74

❹ 伝え合う力を身につける

- 23　上手な頼み方・断り方 ………………………………………… 78
- 24　アイメッセージを使った伝え方 ……………………………… 82
- 25　私のハート ……………………………………………………… 88
- 26　人間鏡 …………………………………………………………… 92

❺ 問題解決の力を身につける

- 27　閉じた質問・開いた質問 ……………………………………… 94
- 28　ブレインストーミング ………………………………………… 98
- 29　問題解決スキルのロールプレイ ……………………………… 100
- 30　紙上相談 ………………………………………………………… 104

❻社会で豊かに生きる力を身につける

31　怒りのタワー	108
32　けんかの仲裁	112

コラム　リラクゼーション

第3章　ピア・サポーターの育成

1　ピア・サポーター育成の意義	120
2　トレーニングの流れ	120
3　ピア・サポーター育成の効果	123
4　ピア・サポートについてもっと学ぶために	125

参考文献一覧

第1章

ピア・サポートを生かした
学級づくりプログラム
導入のポイント

1 ピア・サポートとは？

　ピア・サポートとは，ピア＝「仲間」，サポート＝「支援・援助」であることから，「仲間による支援」を意味し，子どもたちが相互に支え合う活動を指します。ピア・サポートは，コミュニケーションスキルトレーニング（以下トレーニング）とサポート活動からなっています。トレーニングを通じて他者支援のためのコミュニケーションスキルを学びます。そして，そのスキルを生かしてサポート活動を自ら考え，実践します。
　本書は，ピア・サポートの考え方を生かした学級づくりのプログラムを紹介しています。本章では，ピア・サポートのあらましや，本書で紹介するプログラムを導入するにあたってのポイントを紹介します。

❶関係性喪失時代に関係性を再構築する

　平成28年に文部科学省が実施した調査[1]では，学校を長期欠席（30日以上）した小中学校の児童・生徒のうち，「不登校」が理由であるものは134,398人にのぼっています。これは調査の行われた年までの最高値となっています。このうち90日以上の欠席者は全体の約58％にのぼっており，前年度よりも増加しています。この調査結果から不登校が長期化していることが読み取れます。一方いじめの発生（認知）件数も前年度から４割以上増え，調査年までの最高値となっています。いじめの件数が増加した背景には，ふざけ合いやけんかなど軽微な行為も対象に含めるよう求めた文部科学省の指示があり，いじめが深刻化する前にいじめの芽を摘もうというねらいがあったと推測されます。しかし，こうしたねらいにもかかわらず自殺につながるような「重大事態」（いじめ防止対策推進法第28条第１項に規定する）は減っていません。
　また，中高生のスマートフォン活用状況の調査[2]では，2017年度に中学生のスマートフォンの普及率は58.1％，高校生では95.9％となっています。スマートフォンの利用は，生活習慣に様々な影響を及ぼすと考えられます。直接対面してコミュニケーションをとる頻度が下がれば，他者の感情を理解する能力は低下していくのではないでしょうか。高校生男女4122名に「あなたは暇な時に何をしていますか？」と質問したある調査[3]では，75％の生徒が「テレビやDVDを見る」「ゲームやインターネットをする」など，直接誰かと会わずにできることをしていると回答しています。このことから，多くの高校生は余暇の時間に直接のコミュニケーションを誰ともとっていないし，感情交流も行っていないと考えられます。
　不登校・いじめの原因としては様々なことが考えられますが，この問題の根底には，人間関係に煩わされることなくインターネット等から簡単に答えを得ることができるという，"関係性喪失"の時代とも言える現代の世相があると考えられます。実際，登校してもすぐには教室

に入ることができず，まずは保健室へ顔を出す子ども，自分と気の合う教師と話すことで気持ちを和らげてから教室に入る子どもが少なからず存在しています。こうしたことから人間関係を自ら築くこと，特に，お互いが助け合うような"つながり"をもつことが難しくなっている現状を見ることができます。この人間関係の希薄さが，不登校・いじめの大きな要因となっていると思われます。**今どきの子どもはコミュニケーションがうまくとれない，と嘆くのではなく，コミュニケーション能力は，教え，習得させるものであるという発想に転換する時期に来ている**と思われます。

❷なぜ今ピア・サポートなのか？

つながりの希薄な人間関係の糸を太くし，良好な人間関係を構築することが，不登校・いじめを減少させる効果的な方法だと言えるでしょう。その方法のひとつとして，ピア・サポートがあります。

平成30年度全国学力・学習状況調査の中学校調査では，「人の役に立つ人間になりたいと思いますか」という質問に対し，約95％の生徒が「当てはまる」または「どちらかといえば，当てはまる」と回答しています[4]。また，私が以前赴任していた高校で，新入生を対象の検査[5]を実施したところ，8割近くの生徒らが相談相手に友人を選んでいることがわかりました。こうした結果から，「人の役に立つ人間になりたい」という生徒の気持ちを反映したピア・サポート活動を学校に導入すれば，生徒たちがお互いに相談することが可能な環境ができ，良好な人間関係が構築されるのではないか。そしてその結果として不登校・いじめの減少につながるのではないかと考えました。子どもたちの悩みを雨漏りに例えるならば，教師やスクールカウンセラーによる教育相談やカウンセリングなどは雨を受け止めるバケツです。バケツの効果はもちろんありますが，それよりも重要なことは雨漏りを防ぐ屋根の普請，すなわち仲間に支えられて乗り切る力を育てることではないでしょうか。

❸ピア・サポートの歴史と広がり

ピア・サポートが最初に組織的な広がりを見せたのは1970年代のカナダでした。当時のカナダは，学校にスクールカウンセラー制度が導入された時期でしたが，実際はスクールカウンセラーのもとに相談が来ない状態が続いていました。この原因を解明するため，当時ブリティッシュ・コロンビア大学の教育心理学を担当していたレイ・カー博士が，小・中・高校生を対象に調査を実施しました。この調査の結果，子どもたちは友人関係・孤独・進路・学業・家庭・性などの思春期特有の共通した問題に悩んでおり，それらの問題の相談相手として友人を選んだ者が約8割にのぼっていることがわかりました。そこで，カー博士は，スクールカウンセリングの中核である，個別の問題をもつ子どもを対象にしたカウンセリングだけでは不十分であると考え，これに加えて，生徒がお互いを助けることができるように支援する「ピア・ヘルピ

ング（ピア・サポート）の基本原則」という新しい考え方を提唱しました[6]。そして，1973年から，生徒を対象として，友人を助けるための技術を学ぶトレーニングを開始しました。やがて，その活動はカナダ国内にとどまらず，アメリカやイギリスなどの西欧諸国，そして日本をはじめアジアにも広まっていくこととなりました。

　日本では1980年代からピア・サポートの考え方が，アメリカ・カナダなど英語圏から来日した外国語助手（ALT）を通じて少しずつ伝えられました。それ以降，不登校やいじめが社会問題化し，学校はその対策として，不安や不適応感を抱いている生徒に，対人関係について実践的に習得できる場を提供し，また仲間のもつ支え合いの力を活用しようという運動が広まりました。現在岡山県総社市，山形県米沢市，兵庫県加古川市，宮城県石巻市などが行政主導でピア・サポートを中心とした包括的生徒指導（マルチレベルアプローチ）[7]の取り組みをしています。

　日本のピア・サポートは，トレーニングを受けた生徒が友人の悩み相談を受ける「ピア・サポーター養成型」と，すべての生徒に仲間支援の力を育成するために学校・学年・学級を対象にした「コミュニティー型」に分けられます。前者は希望者や選ばれた生徒に傾聴を中心としたトレーニングを課し，そこで習得したスキルを活用してサポート活動をします。例えば，孤立した生徒に声をかけ一緒に遊ぶ，転校生が入ってきたとき学校を案内したり，悩みごとを聞いたりする，などです。また，仲間のもめごとやトラブルの解決を支援するために，生徒に対立解消スキル（メディエーションスキル）を教えている学校もあります。後者は，学校・学年・学級の取り組みとして，すべての生徒が前者と同様のトレーニングを行い，対人関係スキルを身につけ共に成長を目指します。このアプローチで代表的な人物である中野良顕[8]は，傷つきやすい人にカウンセリングするのは，生徒が力を合わせて前向きに活動することを通じて学校全体の雰囲気を改善しようとすることに比べたら，効果はずっと少ないと主張しています。さらに，「ピア・サポートのような効果的なプログラムを使って，学校が全生徒に対して対人関係スキル，コミュニケーションスキルなどの指導に成功すれば，子どもたちは効果的にストレスに対応できるようになる」とも述べています。

❹ピア・サポートの強み

　ピア・サポートの強みは，子どもたちが「つながる」ことによって成長するところにあります。つながることによる成長とは，①人を助けて人と「つながって」成長する，②人に助けられて人と「つながって」成長する，③共に楽しいことや問題解決をして人と「つながって」成長する，の3つです。

　①については，特段の言及は不要だろうと思います。

　②については，自己肯定感が低い子どもやプライドが高い子どもは，「こんなことで人に助けを求めると，笑われたり馬鹿にされたりするのではないか」と考えてしまい，助けを求める

ことができない傾向にあると言われています。その一方，いじめの傍観者たちは，いじめを止められなかったことに対して不安や無力感・罪悪感を覚え，その結果，自己肯定感が低下してしまいます。このことはその人物が大人になっても影を落とし，社会性の低下をもたらすという調査結果が示されています[9]。いじめ被害者がいじめを受けたとき，もしも他者に助けを求めていれば，助けを求められた側は被害者を助けることができたかもしれません。つまり，助けを求めた側は被害者にならず，助けを求められた側は傍観者にならずに済んだ可能性があります。そうなれば，助けを求めた側も求められた側も，負の影響を受けずに済むわけです。

そして③については，目標に向かって仲間と共に努力を重ねることによって，本人も仲間も成長することは，例えば部活動などを例にとってみれば想像に難くないでしょう。協同学習に基づく学習活動を例に考えれば，仲間と共に学び合い，仲間と力を合わせて課題を解決することで，互いの学びは深まる（つまり，成長する）ことができるのです。

サポートする側は実際にサポート活動を行うことやその結果として相手に感謝される経験を通じて，「自分も役に立てる」という「喜び」や「誰かに必要とされる」ことへの「自信」といった自己有用感が強化されていきます。そして，その感覚が，社会へ貢献したいという思いを育むことにつながっていきます。また，サポートされる側のロールモデルになることによって「自覚」「責任感」「規範意識」が育成されるのです。

サポートされる側は，サポートされる経験を通じて，豊かな「感情交流」によって交流欲求が満たされることになります。「すごいね」「できたね」「やったね」などとサポーターから認められたり，ほめられたりすることで承認欲求も満たされ，さらに，自分自身ができることが増えていくことで影響力をもちたいという欲求も満たされます。つまり，困難な養育環境や発達障害等によって愛着に課題を抱えた子どもや，対人関係スキルの獲得が不十分なまま育った子どもが，サポートをされる体験を通じて，他者から優しく支えてもらうことの安心感や，人とかかわることの心地よさを実感し，他者信頼を体得していくことにつながります。この，誰かに支えてもらった経験は，「いつか自分もあの人のようになりたい」「自分がしてもらったことを誰かに返したい」という他者貢献の意識や意欲の喚起につながります。サポートされる体験が，子どもたちの目に見えない人格的成長を促しているとも言えるでしょう。

このようにピア・サポート活動を通じて，子どもたちはコミュニケーションをとる前提となる，「人とつながりたい」「つながって楽しい」という気持ちを育てることとなります。

2 「主体的・対話的で深い学び」（アクティブ・ラーニング）とピア・サポート

❶工業社会から知識基盤社会への変化と教育改革

　20世紀の工業社会は，工場に行って指示された通りの仕事をきちんとこなすことで給料をもらうシステムが基本になっていました。労働の内容もほとんど同じで，みんな決まった時間に仕事を始め，決まった時間に終わるという意味では，「みんな一緒」の社会です。このような社会では，少数のリーダーと大多数のフォロアーで組織が構成されます。そこでは，忍耐強さ，従順性，協調性が重視されます。

　しかし，この工業社会は資本主義社会の成熟に伴い限界を迎えました。そして，現在の知識基盤社会[10]がやってきたのです。知識基盤社会では，あらゆる面において変化が激しいため，個人個人が現場で即座に意思決定することが求められるようになりました。つまり，一人ひとりがリーダーになる社会になったのです。このような社会では，新しい価値をスピーディーに生み続けなければなりません。そのためには能力の卓越した1人の指導者の力に頼るよりも，個人個人が知恵を持ち寄ってチームで協働したほうがより大きな成果を生み出すことができます。そこでは，協働性の高い働き方が求められるようになります。

❷意欲を高める学級集団づくり

　日本の教育は知識や技能の習得には成功しています。しかし生徒たちの主体性を引き出すことについては十分ではありませんでした。国際的な学力調査「PISA」[11]では，日本の子どもは，試験の点数は高いが，学習意欲が低いことが指摘される結果が出ています。授業改善だけでは学びの長期的な意欲は育ちません。学習集団の雰囲気や人間関係など，意欲を高める学級集団づくりが非常に大切になってきます。それを実現するには，教師との日常的な温かなかかわりを基盤にした，互いを尊重することに立脚した生徒同士の触れ合いが必要です。勉強が苦手な生徒が「ここわからないから誰か教えて」と安心して言える信頼感があってこそ，初めて学級集団全体の主体的な学びが実現するのです。

❸人間関係志向の集団と問題解決志向の集団

　良好な人間関係（ピア的人間関係）が学習意欲のある学級集団づくりには必要です。良好な人間関係の集団といわれているものには2種類の形があると考えられています。ひとつは「人間関係志向の集団」といわれるものです。この集団を形成する生徒たちは，表向き仲が良く見え，校則を守り，授業は成り立っています。日本にはこのような学級集団が多いと思われます。

　もうひとつの良好な人間関係の集団は，「問題解決志向の集団」です。問題解決志向の集団

は，お互いの「違い」が尊重され，問題を解決するために自由な自己表現が奨励される集団です。例えば，授業中に教師が大切な話をしている場面で，隣に座っている生徒が話しかけてきた場合，話しかけられた生徒が，「授業のポイントが話されている場面だから一緒に聞こうよ」と話しかけてきた生徒に言える，そのような集団のことです。

　こうした問題解決志向の集団を育てることは難しく，時間がかかると思われます。その背景には「和」を大切にする日本文化の存在が指摘できます。日本の文化は特徴として対立やもめごとを恐れるあまり，明確な主張をすることなく，お互いにそれとなく察することがよしとされる特徴をもっています。若者の国際比較調査[12]によると，「自分の考えをはっきり相手に伝えることができる」という問いに「そう思う」「どちらかといえばそう思う」と回答した日本の若者は，48.0％でした。これに対して韓国は74.9％，米国82.7％，英国80.0％，ドイツ77.1％となっており，日本の若者は諸外国の若者に比べて自己主張が苦手だということが数字で裏づけられています。また，学級内にはスクールカーストという階層[13]が存在するといわれています。カーストの下位の者は，自由にものが言えず，カーストの上位の者の顔色を気にしていなくてはなりません。こうした同調圧力によって抑圧された学級集団では，「主体的・対話的で深い学び」は成立しません。

　しかし，社会の国際化やインターネットの普及により，国と国との境目だけでなく職種の境目も曖昧になりました。こうした現代社会ではなによりも多様性が求められています。そのような多様な価値観をもった人々が常に接し合う環境の中では，本音で話し合うことが避けられません。本音で話し合いがなされれば，そこに対立が起こるのは自然なことです。もし対立を恐れて話し合いを回避すれば，どちらかが我慢して無理を重ねていることになります。すなわち，現代の社会では議論に基づく対立を悪いことと捉えず，成長のためのステップと受け入れる発想の転換が求められているのです。

　「対立」を人と人との対立ではなく，考え方の対立と捉えれば，話し合いを通じて相互理解が深まり，対立を解決することができるのです。例えば政治の世界では，政敵といわれる2人が，話し合いをすることによって協力関係を構築し，周囲の人を驚かせることがあります。これは，考え方は変えられるということを示唆しています。生徒が対立を考え方の違いと捉え，対立によって一時的に人間関係が崩れたとしても，話し合いによって修復できるということを学べば，スクールカーストの同調圧力に屈することなく，自由に自己表現ができる学級集団，つまり問題解決志向の集団が形成されるのではないでしょうか。

　問題解決志向の集団を育てるには，崩れた人間関係を修復する方法を学ぶ必要があります。崩れた人間関係を修復する方法として効果的なものが，メディエーションスキルの獲得です。生徒がメディエーションスキルに基づいた人間関係を修復できる能力を獲得すれば，対立を恐れず，問題解決に向かって自由に自己表現できるような集団が形成されるのではないでしょうか。そのような問題解決志向の集団でのみ「主体的・対話的で深い学び」が可能になるのです。

3 活動への不安・緊張を軽減する

　パーソナリティーが健全な生徒でも他者とかかわるときには不安や緊張を感じます。まして愛着に課題を抱える生徒，虐待やいじめを経験した生徒，発達に課題を抱える生徒等は他者への信頼感がもてず，ペアワークやグループワークに対し自己防衛的になり，他者とかかわることを避けることが予測されます。そこで，ペアワークやグループワークを行う前に，その不安や緊張を軽減することが必要です。では，緊張を減らすには，どうしたら良いのでしょうか。緊張というのは筋肉が緊張することです。これには，運動に伴う筋肉の緊張の軽減で対処できます。身体を動かすことによって筋肉の緊張をほぐし，緊張を解くのがアイスブレイキングです。これによって体の緊張は軽減されますが，まだ心の不安は軽減されません。

　J.R. ギブ（1971）によると，心の不安（懸念）には4つあるとされています[14]。1つ目は受容不安（懸念）です。これは自分がグループのメンバーとして「受け入れてもらえるか」という不安です。この不安がなくなると見せかけだけの行動は少なくなり，相互の信頼が生まれ，自分や他者をあるがままに受け入れられるようになります。2つ目はデータ流失不安（懸念）です。「こんなこと言ったりやったりして大丈夫なのか」というものです。この不安が解消されると，相互のコミュニケーションは多方向的かつ自由で開放的になります。3つ目は目標（見通し）不安（懸念）です。「自分は何をしようとしているのか」という不安です。この不安がなくなると，自らの動機に基づいた行動がなされ，与えられた目標ではなく，自分たちの目標を創造するようになります。4つ目は統制不安（懸念）です。「誰がこの場を仕切るのか，そこでの自分の役割・責任は何なのか」という不安です。この不安が解消すると，外部からの統制は最小限になり，メンバーの役割の配分は自由かつ適切になされるようになります。

　私はこれらの不安を軽減するために活動の前に「活動の3つのルール」，「話を聞くときの3つのコツ」を示した上で「本日のプログラム」を生徒に提示しています。活動の3つのルールとは，①他者を批判したり，悪口を言ってはいけない（他者尊重），②言いたくないことは言わなくて良い（自己尊重），③ここで聞いた話は外では言わない（守秘義務）ということです。話を聞くときの3つのコツは①笑顔で（ただし状況によって変わる），②相手の顔を見る（アイコンタクト），③うなずきながら，相づちを打つ（ふ～ん，なるほど，それから）です。

　しかし，それでも不安が強くペアワークやグループワークに参加できない生徒がいます。その場合は無理をさせてはいけません。傷つき体験を増やしてしまうからです。その生徒と話し合ってできることを考えます。例えば活動の様子を観察する観察者や時間を計るタイムキーパーなどです。教師は「助かったよ。ありがとう」などと少しでもできたところをフィードバックして認めます。それが生徒の自信になり，次回の活動につながります。

4 動機づけを高める工夫をする

　海外でのピア・サポートは，主に希望者を対象に行われています。これに対して日本の多くの小中高校では学級単位で，あるいは学年で，さらには全校の生徒全員を対象として実施されています。そのため，ピア・サポートに興味・関心のない生徒も参加しています。トレーニングがうまくいくためには，いかにして動機づけを高めるかが重要になります。

　本書2章「1　出会いの時期の交流を促す」や「2　学級の結びつきを強める」のプログラムのように，初期の人間関係づくりのために行うものは，ゲーム性が高いので動機づけが低くても参加できます。しかし，次第にトレーニング性が高くなってくると，これに耐えられなくなる生徒が出てきます。

　そこで，動機づけを高めるために，プログラムの開始の前にピア・サポートについて考えるワークを行います。このワークでは「友達にしてもらってうれしかったことや感謝したいこと」「目上の人にしてもらってうれしかったことや感謝したいこと」について具体的に尋ねます。どんなときに，何をしてもらったかを思い出して書いてもらい「自分が誰かに支えられている」ということに気づかせることが目的です。そうすることによって感謝の気持ちが生まれてきます。感謝の気持ちが生まれると，自然に「自分が他者を支えよう」という気持ちになってきます。つまり，感謝の感情が生まれることによって，それが感謝行動につながっていくことになるのです。

　しかし，他者を支えたいという感情が起こっても，それに対処するための「スキル（技術）」がないと効果的な支援ができません。その技術を身につけるために，これからトレーニングを行うのだと伝えます。このように伝えることによって動機づけを高め，その上で実際にトレーニングを開始します。

5 振り返りの時間を必ずとる

　プログラムの目的は，**生徒がスキルを学び，それを生かして他者を支援する行動を起こすこと**です。みんながやるから自分もやるという姿勢ではなく，良いことはいつでもどこでも1人でもやるという姿勢に変わらなければなりません。そのためには生徒が「学びは我が事」だということを理解することが肝要です。教師が学びをまとめ，生徒は「役に立った」「楽しかった」だけで終わっては「学びが他人事」になってしまいます。生徒の行動変容にはつながりません。学んだスキルを日常生活のどんな場面で生かしたいのか？　どうして活動が楽しかったのか？　という問いに対し，「友達がもめているときに，対立解消のスキルを使いたい」「聞き手が自分の方を見て，うなずき，相づちを打ちながら丁寧に聞いてくれて自分の考えを受け止めてくれたから，私も人の話を同じように聞いて楽しくなってもらいたい」などということに気づかせることで，他者支援に対する意欲が高まります。プログラムに取り組むことには値打ちがあるということを確かめる機会にもなります。

　振り返りの流れを説明します。まずは，プログラムで学んだこと，気づいたこと，考えたことを，個人でまとめ，それを基にグループで話し合います。そうすることでグループメンバーの一人ひとりがお互いに影響を受け合い高まります。

　次に全体で交流し，自分やグループの意見を教師に聞いてもらうためではなく，それを仲間に伝えて仲間と共に高め合う機会にします。最後に再び個人にかえります。個人思考→グループ思考→全体思考→個人思考の順序で学びを振り返ります。

　このことによって2つの情報が得られます。1つ目は，**生徒の学びの方向性**です。自分の理解度やできること，仲間の良さを確認し，次への改善点につながります。もう1つは，教師が生徒の振り返りを知ることで，**教師自身の次の授業の改善の手がかり**となります。振り返りをすることでプログラムが受け身ではなく主体的なものになっていきます。

第2章

ピア・サポートを生かした学級づくりプログラム

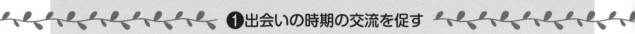

❶出会いの時期の交流を促す

1 ひたすらじゃんけん

所要時間 5分　**場所** 教室
準備物 なし

プログラムの概要

難しいルールは一切ありません。とにかくひたすらじゃんけんをするプログラムです。初対面の者もいて，生徒は緊張しています。身体を動かし，声を出すことは，身体の緊張をほぐします。それが心の緊張緩和にもつながります。

進め方

❶プログラムの目的を知る

まず，教師が次のようにプログラムの目的を伝えます。
「体を動かし大きな声を出してじゃんけんをすることで，体と心の緊張をほぐします。それによって場が安心・安全なところとなり，私たちは自由に自己表現ができるようになります」

❷活動の留意点を伝える

次に，生徒に活動の留意点を伝えます。伝える項目は次のようなものです。
・自由に部屋を歩き回り，目と目が合った人を避けずに必ずじゃんけんをしてください。
・じゃんけんする相手は1回ごとに替えるようにしてください。
・じゃんけんのときは「じゃんけんポン！」と大きなかけ声を出すよう心がけてください。
・じゃんけんに勝った回数を覚えておくようにしましょう。

❸全員起立し，じゃんけんを開始する

生徒を起立させて，活動スタートです。ひたすらじゃんけんをしている様子を教師はよく観察します。負けた人が嫌な気持ちになっているような様子が見受けられたら，「ドンマイ！」「次は勝てるよ！」などと教師が声をかけて，明るい空気で進行するようにフォローします。2分たったら手をたたいて終了の合図をして，全員を着席させます。

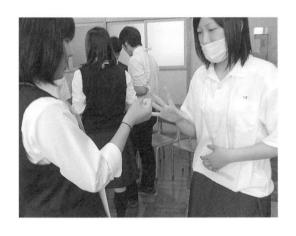 

❹じゃんけんに勝った回数でチャンピオンを決める

　じゃんけんに勝った回数を,「１回勝った人！」「２回勝った人！」と,少ない方から順に聞いていきます。このとき,勝った回数が一番少ない生徒が傷つかないよう,「○回の～さんは,みんなに勝ち星をたくさんあげた,優しい人のチャンピオンです！」とフォローするようにしましょう。少ない方から順に聞いていくと,10回くらいからはぐっと人数が減るはずです。それ以降に挙手した人には全員で大きな拍手をして盛り上げるようにしましょう。

❺チャンピオンになった人にインタビューをする

　一番勝った人に前に出てきてもらい,インタビューをします。
「すごいですね,どんな気持ちですか？」
「勝ち方のコツは何かありますか？」
「この喜びを誰に伝えたいですか？」
　など,ヒーローインタビューさながらに質問すると,その場が温かい空気で満たされ,全体を盛り上げることができます。

POINT

　短い活動ではありますが,終わりには必ず,活動を通してどのような気持ちになったのかを数名に尋ねて振り返りをしましょう。
　大きな声を出した気持ちよさ,プログラムを行う前と後の教室の雰囲気の違い,心が軽くなった,気持ちが楽になったなど前向きな発言を取り上げて価値づけし,「今後このような温かい空気の中で過ごせるような集団にしたいですね」と声をかけましょう。
　最後に一番大切なことは指導する側が一番楽しむことです。教師の笑顔が生徒にとって一番のリラクゼーションになります。

❶出会いの時期の交流を促す

2 じゃんけん列車

所要時間 5分　　**場所** 教室などの広い場所
準備物 なし

プログラムの概要

　集団の中には，いろいろな人がいるものです。運動会が好きな人，嫌いな人，勉強が得意な人，苦手な人，学校が楽しい人，それほどでもない人，ひとりの方が良いと思う人，みんなと一緒が良いと思う人など，多様な考え方や価値観の人がいます。
　出会いのプログラムとして，じゃんけん列車を行うことで，様々な価値観をもった個人の集まりが，つながりのある一体感をもった集団になっていきます。

進め方

❶プログラムの目的を知る

　まず，教師が次のようにプログラムの目的を伝えます。
　「じゃんけんをして，体を動かし，列車のようにつながることによって，集団を1つの生き物のような一体感をもった存在にすることができます。個人個人がじゃんけんを通じて1列につながることで一体感が生じる瞬間の不思議な感覚を味わいましょう」

❷活動の留意点を伝える

　次に，生徒に活動の留意点を伝えます。伝える項目は次のようなものです。
・負けた人は勝った人の後ろについて，その人の肩に両手を乗せます。
・列の先頭の人がじゃんけんをするときは，列の人全員が声を合わせて「最初はグー，じゃんけんポン！」と大きな声を出すようにしてください。

❸**全員起立し，じゃんけんを開始する**

　１列になって列の真ん中を境に折り返して２列にし，そこで向かい合った人同士をペアにするなどしてランダムにペアをつくってスタートします。近くにいる人とじゃんけんをして，負けた人が勝った人の後ろにつきます。そのとき負けた人は勝った人の肩に両手を乗せて，列車のようにつながっていきます。個々がつながり，１列になっていく過程で，教師は「大きな声を出して」「声を合わせて」などと声をかけるようにします。全員が１列になったら終了です。教師は終了の合図をしてください。

❹**すべてのじゃんけんに勝った勝者へのインタビューをする**

　教師は列の先頭の生徒のところに行き，次のようなインタビューをします。
「１回も負けなかった今の気持ちは，どうですか」
「勝ち方のコツは何かありますか」
「この喜びを誰に伝えたいですか」
　などと，ヒーローインタビューのように少々大げさな質問をすると，その場がなごみ，笑いなども生まれて，温かい空気に満たされます。

POINT

　終わりには必ず，列の先頭の生徒にどのような気持ちになったのかを尋ねて振り返りをしましょう。
　この活動では，勝った人が負けた人の後ろについて列をつくるバージョンもあります。
　その場合は一番負けた人が先頭に来ますので，教師は先頭の人に対して「今日一番みんなからパワーをもらった人ですね」と言って励ましてください。
　１列につながったり，先頭の人と一緒に大きな声を出したときの一体感や帰属意識を取り上げて，「お互いに助け合う，仲間意識の高い集団にしていきたいですね」と伝えましょう。最後に，大切なことは，生徒がつながり，右往左往しながら１列になっていく光景を，教師が見守りながら声をかけ，一緒に楽しむことです。それが生徒の安心感や一体感を醸成することにつながります。

❶出会いの時期の交流を促す

3 セブンイレブンじゃんけん

所要時間　10分　　場所　教室

準備物　なし

プログラムの概要

みんなで協力して課題を達成するときの喜びは，貴重な体験です。短い時間でじゃんけんを応用して，ゲーム感覚で課題をやり遂げることによって，達成感を味わうことができます。

進め方

❶プログラムの目的を知る

このプログラムを通じて，生徒は緊張をほぐし，集団のチームワークが良くなる効果が期待できます。

まず，教師が次のようにプログラムの目的を伝えます。

「じゃんけんを応用して，グループで課題を達成します。そのときの達成感，一体感，盛り上がる雰囲気を体験してください」

❷活動の留意点を伝える

次に，生徒に活動の留意点を伝えます。伝える項目は次のようなものです。

・このじゃんけんは，グー，チョキ，パーに加えて1本指，3本指，4本指も使います。
・「最初はグー，じゃんけんポン！」と大きな声を出してください。
・このじゃんけんは，誰かが勝って，誰かが負けるのではなく，出た指の合計本数を数えます。合計が決められた数になったら，生徒でハイタッチをします。そのときはみなさんで「イエー」などと大きな声を出して盛り上げてください。

❸全員起立し，じゃんけんを開始する

生徒に起立してもらい，活動をスタートします。近くにいる人で3人組をつくります。ここでは，すべての指をじゃんけんのように出します。グーはゼロ，1本指は1，2本指は2，3

本指は3, 4本指は4, 5本指は5になります。出た指の合計数が7本になるまで行います。7本になったら3人でハイタッチをします。

次に近くの3人組と合わせて6人組をつくります。今度は出た指の数が11本になるまでじゃんけんを行います。11本になったら6人でハイタッチをしてこのプログラムは終了します。

なかなかそろわないグループには作戦タイムの時間を与え，課題を達成するための工夫をしてもらいます。

❹一番早く課題を達成したグループにインタビューをする

一番早く課題を達成したグループの中の1人にインタビューをします。

「一番早く課題を達成した今の気持ちを言ってください」

「早く課題を達成できたコツはありますか」

こうした質問によって，その場の雰囲気をさらに和らげることができます。

POINT

活動の終わりには必ず，一番早く課題を達成したグループのメンバーに，どのような気持ちになったのかなどを尋ねて振り返りをしましょう。また，反対に一番遅かったグループにもコメントをしてもらいます。このとき「自分のことばかり考えていたのですね」などといった否定的な意見がメンバーから出てきた場合には，教師は「みなさんは自分の信念をもっているんですね」などと肯定的な表現で生徒に返すようにしてください。

課題を達成するためには，同じ手を出し続ける人と，周りの様子を見て自分の出し方を修正する人が出てきます。しかし，その両者がいてこそチームです。多様な人や多様な考え方・価値観を歓迎し，受け入れるように教師は生徒に伝えましょう。

❶出会いの時期の交流を促す

4 グー・チョキ・パーじゃんけん

所要時間 3分　**場所** 教室
準備物 ハンカチ又はティッシュ1枚

プログラムの概要

　あなたが「〜について，意見を言ってくれる人がいたら手をあげてください」と言われたとします。みなさんはすぐに手をあげますか。たぶん多くの人は手をあげる前に「周りを見渡す」という行動をとると思います。自分だけ手をあげることに抵抗感があるからだと思います。この緊張感も活動を妨げます。そこで，教師のかけ声に合わせて，みんなで大きな声を出し，身体を動かすことにより，集団としての一体感を高め，緊張をほぐします。全員で身体を動かし，大きな声を出すことで手をあげやすくするように促すプログラムです。

進め方

❶活動の留意点を伝える

　次に，生徒に活動の留意点を伝えます。伝える項目は次のようなものです。
・教師のかけ声に合わせて大きな声を出してください。
・教師の指示を集中して聞くようにしてください。
・教師のかけ声は次第に早くなっていきます。

❷隣の人とペアになり開始する

　生徒が着席した状態で，活動スタートです。まず隣の生徒とペアをつくり，机の前に並んで座ります。机の真ん中にハンカチかティッシュを1枚置きます。
　教師が「グリコ」と言ったら，生徒は大きな声で「グー」と言い，手を拳にしてあげるようにします。同様に，教師が「チョコレート」と言ったら，生徒は「チョキ」と言ってピースサインを出します。教師が「パイナップル」と言った場合は，真ん中のハンカチかティッシュを素早く取ります。取った人が勝ちとなります。
　教師は次第にかけ声を早くしていくのがこのプログラムのポイントです。

大きな声を出すことで緊張がほぐれ，声をそろえることで集団としての一体感が生まれていきます。

❸**感想を聞いて振り返る**

「この活動をやってみて感じたことや気づいたことがありますか」
「ハンカチやティッシュを早く取るコツは何かありますか」
「今度グー・チョキ・パーじゃんけんをするとしたら，どんなことに気をつけますか」
などといった質問をして，このプログラムを振り返ります。

❹**お互いに握手をする**

生徒は周りの人と握手をして，笑顔でこのプログラムを終了します。

> **POINT**
>
> 　終わりには必ず，生徒の何人かに感じたこと，気づいたことを尋ねて振り返りをしましょう。
> 　ハンカチやティッシュが取れなかった人に対して「譲る気持ちの強い，優しい人ですね」などといった表現でねぎらうようにしましょう。
> 　このプログラムは，教師がかけ声を次第に早くすることがポイントです。そのようにすると，テンポが良くなり，生徒の抵抗感は低くなり，自然に大きな声を出し，身体を動かすようになります。そして，緊張感がほぐれ，声をそろえることで一体感が生まれることに生徒は気づきます。その結果，さらに生徒が手をあげやすい雰囲気になります。

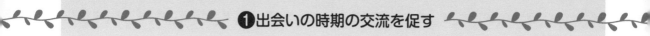

5 バースデイライン

所要時間 5分　場所 教室
準備物 なし

プログラムの概要

　言葉通り，誕生日順で並んでもらうプログラムなので，バースデイラインと呼ばれます。このプログラムは，よく知られているものです。アイスブレイクとしての効果も高く，普段の活動でのグループ分けにも活用できます。また，汎用性が高いので，「ファーストネームライン」や「ウェイクアップライン」（いずれも後述）などにも応用できます。

進め方

❶プログラムの目的とルールを伝える

　言葉を使わずに，ジェスチャーのみで誕生日順に並ぶことにより，言葉を使わなくてもコミュニケーションがとれることを学びます。話をすることが苦手な生徒にとっても，抵抗が少ないプログラムです。また，ジェスチャーのみで並びかえを進めるので，言葉の大切さと言葉で伝えることの便利さも学ぶことができます。

　このようなねらいを，生徒に次のように伝えます。

　「この活動では，言葉を使わずに誕生日の早い順に1列に並んでもらいます。お互いの誕生日を知ると，親近感が深まるかもしれません。また，言葉を使わないでもコミュニケーションがとれることがわかるでしょう」

❷活動の留意点を伝える

　次に，生徒に活動の留意点を伝えます。伝える項目は次のようなものです。
・言葉を使わないで活動を行うようにしてください。
・誕生日の一番早い人の並ぶ位置を明確にしてください。

❸全員起立して開始する

　このプログラムでは互いに会話をせずに，ジェスチャーだけで誕生日の早い順に1列に並ぶようにします。この活動は非言語コミュニケーションですので，話すことが苦手な生徒にも負担がかかりません。ここでは身振りや手振り，表情だけで意思疎通ができることを学びます。

　生徒全員が誕生日順に並び終わったところで，誕生日の早い人から自分の誕生日を発表してもらいます。このとき，誕生日が同じ生徒がいたら全員が拍手をするよう促します。誕生日が偶然同じ日だとわかった生徒同士は，お互いの親近感が増すことでしょう。

❹感想を聞いて振り返る

　誕生日が同じ生徒がいたら，その生徒たちに感想を聞きます。誕生日が同じ生徒がいない場合や，時間に余裕があるときは，その他の生徒にも感想を聞いていきます。

「誕生日が同じだと知ったときの気持ちを教えてください」

「このプログラムを行って，気づいたこと，感じたことはどんなことですか」

　こうした質問を適宜使うことによって，場の雰囲気をさらに和らげることができます。

❺グループ分けへの活用

　このプログラムは，誕生日の早い人から4人区切りでグループをつくるなどして，グループ分けにも活用できます。

POINT

　終わりには必ず，何人かに感じたこと，気づいたことを尋ねて振り返りをしましょう。特に誕生日が同じだった人には，感想を聞いてください。今まで知らなかった他の生徒の誕生日をお互いに知ることにより，相互理解が少し深まります。お互いの誕生日を知ることによって親近感も増し，会話をする機会にもなります。

　教師が一緒に参加するのも良いでしょう。そうすることにより，教師と生徒の間の心理的距離が縮まり，信頼関係につながります。

❶出会いの時期の交流を促す

6 ファーストネームライン＆ウェイクアップライン

所要時間 5分　**場所** 教室
準備物 なし

プログラムの概要

これは前項 p.26〜の「5　バースデイライン」の応用です。今回は，誕生日順ではなく，名前の五十音順や，今朝の起床時間の早い順に並んでもらうプログラムです。今回は言葉を使っても良いものとします。このプログラムも，グループ分けにも活用できます。名前（ファーストネーム）で呼ばれることに抵抗感のある生徒がいる場合は，苗字で行っても良いでしょう。

進め方

❶プログラムの目的を知る

言葉を使って名前の五十音順や起床時間の早い順に並ぶことにより，生徒は自分の名前を覚えてもらうことができます。また，起床時間を知ることで，自宅が学校の近くにありゆっくり起きる人，部活動などの朝練習で早く起きる人など，お互いの生活時間を知ることができます。偶然同じ名前や同じ起床時間の人がいたときは，他の生徒は拍手をするなどして，場を盛り上げてください。こうしたことによって，この集団全体の関係は一層良いものとなるでしょう。

このようなねらいを，生徒に次のように伝えます。

「ここでは，皆さんに名前のあ，い，う，え，お順に並んでもらいます。この活動では言葉も使ってください。皆さんの多くは他の人を苗字で呼ぶことが多いと思いますが，ここでは名前で並ぶことで，お互いの名前を知ることができます。名前を知ることで親しみが湧くでしょう」

「次に，今朝起きた時間の早い順に並んでもらいます。起きた時間を知ることで，お互いのことがもう少しわかるでしょう」

❷活動の留意点を伝える

次に,生徒に活動の留意点を伝えます。伝える項目は次のようなものです。
・言葉を使うことができます。もちろんジェスチャーも使えます。
・ファーストネームラインを行うときは,名前の五十音順に並ぶようにしてください。
・ウェイクアップラインを行うときは,起床時間の早い順に並ぶようにしてください。
・同じ名前,同じ起床時間の人がいたら拍手をして盛り上げてください。

❸全員起立して開始する

生徒は互いに会話をして,名前の五十音順,または起床時間の早い順に並ぶようにします。今回は言語コミュニケーションですので,話すことが苦手な生徒の負担を減らすことができるように,「人に話しかけることが得意な人は積極的に周囲の人に声をかけるようにしてください」などと全体に伝えます。プログラムが終了して生徒全員が並び終わったところで,ファーストネームラインの場合は,名前の五十音の早い人から自分の名前を全体に伝えます。ウェイクアップラインの場合は,今朝の起床時間の早い順から起きた時間を伝えます。名前や起床時間が同じ人がいた場合は全員が拍手をするよう促します。名前や起床時間が偶然同じだとわかった場合,その生徒同士はお互いに親近感をもつでしょう。

❹感想を聞いて振り返る

名前や起床時間が同じ生徒がいた場合は,その生徒たちに感想を聞きます。その他の生徒にも感想を聞きます。
「名前,(起床時間)がお互いに同じだと知って,どんな気持ちになりましたか」
「このプログラムを行って,気づいたこと,感じたことはどんなことですか」
といった質問をして,和やかな雰囲気をつくるように教師は心がけてください。

POINT

終わりには必ず,感じたこと,気づいたことを何人かに尋ねて,振り返りをしましょう。
特に名前や起床時間が同じ生徒がいた場合には,感想を聞いてください。今まで知らなかった他の生徒の名前や起床時間を知ることにより,相互理解が少し深まります。そのことにより親近感も増し,会話をする機会にもなります。
場合によっては,教師も一緒に参加し,楽しみましょう。そのことにより,生徒と教師の間の心理的距離が縮まり,信頼関係につながっていきます。

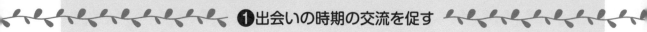

7 お手玉ゲーム

所要時間 10分　**場所** 教室

準備物 お手玉または柔らかいボール（各グループ4～5つずつ）

プログラムの概要

8～10人グループをつくります。最初の生徒が相手の名前を言ってお手玉を投げます。お手玉を受け取った生徒は目が合った生徒に向けて，相手の名前を言ってお手玉を投げます。一筆書きの要領で，最終的には，最初にお手玉を投げた生徒にお手玉が戻ってくるようにします。教師が名前より苗字の方が効果的だと考えた場合は，苗字を使っても良いでしょう。

進め方

❶プログラムの目的を知る

まず，教師が次のようにプログラムの目的を伝えます。

「名前を覚えることも重要ですが，名前が呼ばれることも重要です。知り合うことは一方通行ではないからです。このプログラムでは，お手玉を使って他の人の名前を声に出して呼びながら覚えていきます。次第にお手玉の数を2つ，3つ，4つと増やしていきますので，みなさんは相手の名前を大きな声で早く言わなければならなくなります。名前を呼ばれた人は素早く反応してお手玉を受け取る態勢を整えなくてはなりません。お手玉の受け渡しを通じてプログラムを楽しみながらお互いの名前を覚えていきましょう」

❷活動の留意点を伝える

次に，生徒に活動の留意点を伝えます。伝える項目は次のようなものです。
・お手玉を投げる前に相手の方を見て，名前を大きな声で伝えてください。
・一筆書きの要領で行い最後は最初の人にお手玉が戻ってくるようにしてください。
・お手玉の数を次第に増やしていきますので，お手玉を落とさないようにしてください。
・1人がお手玉を落としたところでそのグループはゲーム終了となります。

❸全員起立して開始する

　生徒は8～10人のグループをつくり，輪になります。その後スタートとなる生徒を決めます。最初の人は，目が合ったグループ内の生徒の名前を言ってお手玉を投げます。お手玉を受け取った生徒は他の目が合った生徒に向けて，名前を言ってお手玉を投げます。一筆書きの要領で，最後に，最初にお手玉を投げた生徒に戻ってくるように行います。やり方を理解するまでは，1つのお手玉を使ってゆっくり行っていきます。

やり方に慣れてきたところで，お手玉の数を2つ，3つ，4つと増やしていきます。お手玉が増えてくると，生徒は早く相手の名前を言ってお手玉を投げなければなりません。それにつれて，自然と笑い声と歓声がわき上がって大きな盛り上がりを見せることが予測できます。8～10人のグループだとうまくできない場合には，適宜人数やグループ数を調整します。お手玉がない場合は，柔らかいボールでも代用できます。

❹生徒の何人かに感想を聞いて振り返る

　「このプログラムを行って，気づいたことや感じたことはどんなことですか」
　「自分の名前がくり返し呼ばれてどんな気持ちがしましたか」
　などといった質問をし，教師はそれに対して，和むようなコメントを返すように心がけてください。

POINT

　終わりには必ず，感じたこと，気づいたことを何人かに尋ねて振り返りをしましょう。特に名前をくり返し呼ばれたことについてどんな気持ちになったのかを聞いてください。新しい集団に適応するためには，名前を覚えてもらうことが効果的です。その点で，くり返し名前を呼ばれることの意味を考えさせてください。名前の重要性を伝え，同時に名前で他者をからかったりしないように伝えてください。

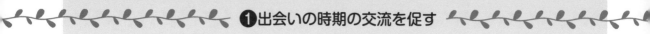

8 ネームゲーム

所要時間 5〜20分　　**場所** 教室
準備物 なし

プログラムの概要

　お互いの好きな食べ物とフルネームを覚えることができるプログラムです。好きな食べ物が自分と一緒の生徒がいると親近感が増します。お互いの名前を呼び合い，好きな食べ物も知ることができるので，親しみが増すこと間違いなしです。

進め方

❶活動の留意点を伝える

　生徒に活動の留意点を伝えます。伝える項目は次のようなものです。
・メンバーの名前を呼ぶときは相手の顔を見るようにしてください。ジェスチャーも活用すると効果的です。
・名前を間違えてしまったときや，名前を忘れてしまったときには，周りの人が助け船を出してください。

❷全員起立して開始する

　4〜5人のグループをつくり，輪になります。順番を決めて，自分のフルネームの前に好きな食べ物を添えて発言します。これを，時計回りに伝えていきます。
　例：リンゴの好きな山田太郎です。
　次に，隣の生徒が続けて伝えるのですが，このとき前の生徒の発言を復唱してから自分の発言をします。
　例：リンゴの好きな山田太郎さんの隣の，お寿司が好きな山田花子です。
　以降，どんどん長くなっていきます。

❸逆回りで行う

その後，順番が一巡したら，今度は逆回りに同じことを行います。

お互いの好きな食べ物を知り，名前を覚え呼び合えるようになることが，仲良くなる第一歩です。20人を超える大人数でも実施可能です。その場合フルネームではなく苗字だけでも良い，というルールにしてもかまいません。

❹テーマやメンバーを変えて発展させる

好きな食べ物を，好きなタレント，好きなスポーツ選手，好きな映画，など集団に合わせて変えるのも良いでしょう。

時間に余裕があるときは，4人組のメンバーを入れ替えて，新しいメンバーで実施することも可能です。

❺生徒の何人かに感想を聞いて振り返る

プログラムの最後に，生徒の何人かに次のように感想を聞いて振り返ります。

「このプログラムを行って，気づいたこと，感じたことはどんなことですか」

「好きな食べ物が同じ人がいたとき，どんな気持ちになりましたか」

「名前を忘れたり，間違えたりしてしまったときに，周りの人はどんな行動をとりましたか」

「周りの人に助けてもらってどんな気持ちになりましたか」

周りの生徒の助けが得られなかった旨の答えがあったときには，教師は適切なフォローをするように心がけてください。

POINT

プログラムの終わりには必ず，何人かに感じたこと，気づいたことを尋ねて振り返りをしましょう。大人数で行う場合は，名前を思い出そうとして沈黙が続いたりして，グループの集中力が切れてしまうことがあります。教師が合いの手を入れるなどして，生徒が集中力を維持できるような配慮が必要です。

❶出会いの時期の交流を促す

9 質問じゃんけんで自己紹介 ＆ホメホメワーク

所要時間 30分　　**場所** 教室
準備物 p.37「自己紹介シート」（人数分）

プログラムの概要

　人と人が出会ったときに，自己紹介をする機会は多いのではないでしょうか。この自己紹介に，じゃんけんや，相手をほめる活動を組み込むことで，その場が温かい雰囲気に包まれるようになります。大人はもちろんですが，中学生・高校生にとってもこうした活動は少し照れくさいものかもしれません。しかし，初対面だからこそ思い切って話ができることもあるのではないでしょうか。早い時期から，周囲の人の良いところを見つける習慣をつけることで，お互いに支え合っていくための土台が強固になります。

進め方

❶プログラムの目的を知る

　まず，教師が次のようにプログラムの目的を伝えます。
　「ここではお互いのことを知る活動をします。周りの人のことがわかれば安心な気持ちが生まれるでしょう。自己紹介するのはハードルが高いと思う人もいるかもしれません。そこで，じゃんけんを使って気軽に質問し合う雰囲気をつくりましょう」
　「次に，お互いのことを知ることができたところで，お互いの良い面に注目してお互いをほめ合う活動をします。お互いにほめ合うことで良い関係ができるでしょう」

❷自己紹介シートを記入する

　次に「自己紹介シート」（p.37を人数分をコピーしたもの）を記入します。この記入に5分間ほどの時間をあてます。このとき教師は「このシートを使って1分間自己紹介をしてもらいます。書きやすい部分から始めてください。全部の項目を埋める必要はありません」と伝えるなどして，自分らしさが出るような自己紹介シートを生徒が書くことができるようにサポートをしましょう。

❸ペアで自己紹介する

　隣の席の生徒とペアをつくり，話し手と聞き手を決めます。

　先ほど記入した自己紹介シートを参考にしながら，1人1分間，自己紹介をします。

　1分間経過したら教師が合図をして，役割を交代します。

❹質問じゃんけんをする

　自己紹介をしたペアでじゃんけんをして，勝った方が負けた方に質問します。

　このときの質問は，次の「他己紹介」につながるような，その生徒の前向きな部分がわかる質問が良いでしょう。

　例えば「今まで頑張ってきたことは？」「これから頑張りたいことは？」「将来の夢は？」「あなたが大事にしていることは？」などです。これを2分間行います。2分間の間に一度も勝てなかった生徒がいた場合は，30秒の時間をとり，負け続けた生徒にも質問の機会を与えるようにします。

❺4人グループで他己紹介をする

　近くのペアと4人グループをつくり，「他己紹介」を行います。じゃんけんで順番を決めて1人1分ずつで，先ほどの自分のペアを他のメンバーに紹介します。先ほどの自己紹介や質問じゃんけんで聞いたことをもとに，ペアの相手がこれまで頑張ってきたこと，今後頑張りたいこと，うれしかったこと，悲しかったことなどなるべく多彩なことを伝えるようにしましょう。

❻「ホメホメワーク」をする

　全員が話し終わったところで，1番に話した人を他の3名のメンバーが一言ずつほめていく「ホメホメワーク」を行います。

例えば「〜さんは欠席が少ないところがすばらしいと思います」「部活動を頑張っていて見習いたいです」「漢字をたくさん知っていてすごいと思います」などです。

これを1人に対して30秒間行います。さらに，同じことを全員に行います。

ほめられた人は「ありがとう」と言って称賛を受け入れます。

ホメホメワークの前に，教師は「人には必ず良いところも悪いところもあります。良いところばかりの完璧な人も，また反対に良いところが1つもない最悪な人もこの世にはいません。人間関係を良好にするためにはその人の良い点に注目し，お互いにそれを伝え合いましょう」と伝えましょう。

ほめられることによって人は笑顔になり，その場全体が温かな雰囲気に包まれます。

❼感想を聞いて振り返る

活動の最後に，何人かに次のように感想を聞いて振り返ります。

「自分のことをほめてもらってどんな気持ちになりましたか？」

「他の人をほめてみてどんな気持ちになりましたか？」

POINT

活動の終わりには必ず，活動を通してどのような気持ちになったのか数名に尋ねて振り返りをするようにしましょう。また，ホメホメワークで良いところをほめられたとき，「そんなことありません」と謙遜する人には，「相手にはそのように見えているのですから，素直に認めて，ありがとう，と言うようにしましょう」などと伝えるようにしてください。

自己紹介シート（ユーモアをまじえて PR しよう）

　　　　　　　　　　　年　　組　氏名　　　　　　　　　　

1．私をこう呼んでください（ニックネーム紹介など）

2．私の血液型・星座・好きな色とその理由

3．好きなタレントや歌手について

4．私はこういう人だと思ってほしい（自己 PR）

5．好きな食べ物・苦手な食べ物（および趣味・特技）

6．初恋について

7．私を動物に例えたら何，その理由

8．部活動について

9．今年度はこんなことをしたい

10．最近気になった話題

11．将来こんな人になりたい

❷学級の結びつきを強める

10 膝たたきウェーブ

所要時間 5分　場所 教室などの広い場所
準備物　ストップウォッチ

プログラムの概要

　全員がそれぞれの顔を見ることができるように輪になって座り，並んでいる順に，一人ひとりが右膝，左膝をたたいて，ウェーブになるようにリレーしていきます。生徒が目標時間を設定し，それを達成することによって喜びを味わうことができるプログラムです。

進め方

❶プログラムの目的を知る

　まず，教師が次のようにプログラムの目的を伝えます。
　「どんな目標であれ，その目標を達成すると，ある種の爽快感，つまり達成感を味わうことができます。このプログラムを通じて，集団が1つの目標を達成することで，まとまりが強まり，関係が良くなるでしょう。集団がチームになっていく達成感を体験しましょう」

❷活動の留意点を伝える

　次に，生徒に活動の留意点を伝えます。伝える項目は次のようなものです。
・「はじめ」の合図は教師が言うので，最後の人は終わったときに「ハイ」と大きな声で知らせてください。
・自分の膝を右膝から左膝の順番でたたいてください。
・隣の人が聞こえるようにパシッ，パシッと音が出るくらい強くたたいてください。
・左隣の人は，右隣の人が両膝をたたき終わったら同じように右膝，左膝の順にたたいてください。一周するまでにかかるタイムをはかります。

❸全員着席し，膝たたきウェーブを開始する

　まず，全員がそれぞれの顔を見ることができるように輪になって座ります。スタートの生徒

を決めて，その生徒から時計回りに右膝から左膝をたたいて，並んでいる順にウェーブになるようリレーしていきます。教師は，そのときにかかった時間をはかり，生徒に伝えます。

　次は，ウェーブが一周するまでの目標時間を生徒に決めさせます。教師は生徒に「〇〇秒かかりました。もっと速くできますか。目標タイムは何秒にしますか」と尋ねます。生徒の設定した目標タイムを「〇〇秒を目指して頑張ろう」と示して，もう一度「膝たたきウエーブ」を実施し，時間をはかります。目標を達成することができた場合には拍手などをしてそれぞれの健闘を称えることを促します（自然発生的に拍手が起こることが多いです。その場合には，無理に教師が盛り上げようとする必要はありません）。目標タイムを達成できないときは，再度チャレンジしても良いですし，参加者で話し合って実現可能な目標タイムを再設定しても良いでしょう。

❹感想を聞いて振り返る

　「目標タイムを達成できた理由は何だと思いますか」
　「プログラムを体験して，感じたこと，気づいたことを聞かせてください」
などと質問することによって，生徒にチームワークの大切さに気づいてもらうように工夫してください。

> **POINT**
>
> 　プログラム終了後には，活動を通してどのような気持ちになったのかを数名に尋ねて振り返りをしましょう。
> 　初回には生徒は，目標設定がないまま，自分のことだけ考えて膝をたたくでしょう。しかし，2回目からは生徒が自ら目標を設定し，その目標を全員で共有したことで，単なる「集団」が「チーム」に変容したことに生徒が気づくよう伝えます。チームワークを高めるためには目標を共有することが重要だということを強調します。
> 　目標達成が簡単にできてしまったときは，目標タイムをさらに短く再設定するのも良いでしょう。また，さらにモチベーションが上がってきたら「〇秒ジャストにする」など難易度を上げることも可能です。教師が目標設定することもできますが，生徒が達成感や喜びを味わうためには，生徒たち自身で目標を設定することがより効果的です。

❷学級の結びつきを強める

11 チェアーウェーブ

所要時間 10分　**場所** 教室などの広い場所
準備物 なし

プログラムの概要

　全員がそれぞれの顔を見ることができるように輪になって座ります。1人が席を空けて鬼になります。鬼が1つ空いた席に座ろうとするのを全員で協力してブロックし、チームワークを高めるためのプログラムです。

進め方

❶プログラムの目的を知る

　まず、教師が次のようにプログラムの目的を伝えます。
　「集団が一心同体になり、チームとして一致団結するためのプログラムです。鬼は空いている席に座ろうと動きます。座っているみなさんは、空いている席に鬼を座らせないように、協力して空席を埋めるように移動します。鬼より早く移動できるよう、みんなで協力しましょう」

❷活動の留意点を伝える

　次に、生徒に活動の留意点を伝えます。伝える項目は次のようなものです。
・鬼の役の人は席に座ろうと機敏に動いてください。
・みなさんはそれを阻止しようと隣の人の動きを観察しながら協力して動いてください。

❸全員着席し、チェアーウェーブを開始する

　全員が輪になって座ります。1人が席を空けて鬼になり輪の中央に立ちます。鬼は1つ空いた席に座ろうとします。それを他の生徒全員で協力してブロックします。教師は、座っている生徒に空いている席に鬼を座らせないように、時計回りに席を移動して空席を埋めるように指示してください。生徒が席から立ち上がって隣の席に座る動作をくり返す様子がウェーブに見えるところから、「チェアーウエーブ」と名づけられています。鬼が席に座ろうと必死に努力

し，それを他の生徒が一致団結して阻止しようと頑張るので見事なウェーブができ，笑い声が起きるなどして雰囲気が和やかになっていきます。

　鬼がなかなか座れない場合は，鬼が座席の移動方向を指示するように伝えてください。鬼が右と言ったら全員が右に，左と言ったら左に席を移動するよう条件をつけるようにします。

　鬼が疲れたところでこのワークは終了とします。また，鬼が席に座ることができたときは，座れなかった生徒が新しい鬼になります。

はじめは教師が鬼になっても良い

❹感想を聞いて振り返る

「鬼が座ることができなかった理由は何だと思いますか」
「この爽快感，達成感を誰に伝えたいですか」
「鬼を座らせてしまいましたが，何が足りなかったのでしょうか」
「プログラムを体験して，感じたこと，気づいたことを教えてください」

などと質問することで，教師は，生徒たちに鬼を座らせないために何を心がけたのか気づいてもらうよう工夫してください。

POINT

　活動を通してどのような気持ちになったのかを数名に尋ねて振り返りをしましょう。

　鬼が座ることを最後まで阻止できた場合には，教師は生徒が鬼を座らせないようにチームワークを発揮したことをほめ，今まさに全員が１つのチームになることができたということを指摘します。このとき，生徒は一体感，達成感をもち気持ちが盛り上がることでしょう。

　一方，鬼は座らせてもらえなかったという，集団からの疎外感を味わうことになり，傷つき体験につながってしまう可能性があります。諦めずに座ろうとした鬼の健闘を称える，鬼が集団の一体感を生んだ立役者であることを称賛するなど適切な言葉をかけてください。同時に，残りの生徒には，集団としてどのような点が足りなかったのかを考えるように促してください。鬼の疎外感を軽減するために，最初は教師が鬼の役割を担うのもひとつの方法です。

❷学級の結びつきを強める

12 トントン・パッ

所要時間 5分　**場所** 教室
準備物 なし

プログラムの概要

4人が1列に並んで，全員が正面を向きます。教師の号令に合わせて，身体を右側か左側のどちらかに向けます。4人全員が同じ方向を向くことができたら終了です。4人の協働性を高めるプログラムです。

進め方

❶プログラムの目的を知る

まず，教師が次のようにプログラムの目的を伝えます。
「合図に合わせて，4人が気持ちを合わせ，同じ方向を向こうと努力しましょう。4人が協力して同じ方向を向くという課題を達成するなかで，お互いに協力しようという気持ちが高まっていきます」

❷活動の留意点を伝える

次に，生徒に活動の留意点を伝えます。伝える項目は次のようなものです。
・教師の「トントン・パッ」の合図の「パッ」と同時に左右どちらかに身体を向けてください。
・隣の人を意識せず，自分で左右どちらを向くか判断してください。

❸全員起立し，活動を開始する

4人組をつくり，全員が正面を向いて並びます。教師が「トントン・パッ」と言います。「パッ」と言った瞬間，正面を向いていた4人が同時に左右のどちらかに身体を向けます。全員が同じ方向を向くまで続けます。全員が同じ方向を向くことができた場合は，生徒から喜びの声があがり，一体感を味わうことができるでしょう。

トントン

パッ…失敗！

パッ…そろった！

❹感想を聞いて振り返る

「4人がそろったときどんな気持ちになりましたか」
「4人がなかなかそろいませんでしたね。何が足りなかったと思いましたか」
「この達成感を誰に伝えたいですか？」
「プログラムを体験して，感じたこと，気づいたことを教えてください」

などと質問することで，相手の気持ちを察することの大切さを伝えるようにしてください。

> **POINT**
>
> 　プログラムの終わりには，活動を通してどのような気持ちになったのかを数名に尋ねて振り返りをしましょう。
> 　1回でそろった4人組には，「チームワークがすばらしいですね」などと称賛しましょう。一方，なかなかそろわない4人組には，作戦タイムを与え話し合いをもってもらい，すべての4人組が終了できるように配慮してください。また，参加人数は4人組にこだわらず，状況に合わせて適宜増やすなどして，調整してください。

❷学級の結びつきを強める

13 木とリス

所要時間 10分　　**場所** 教室などの広い場所

準備物 なし

プログラムの概要

3人組で，そのうちの2人が手をつないで木となります。残りの1人が，間に入ってリスとなります。3人組をつくれなかった生徒が鬼になり，鬼のセリフで3人組の役割が変わります。鬼の合図で移動して相手を探すプログラムです。手と手をつなぐことの抵抗感を和らげ，お互いの親近感が高まっていきます。また，身体を動かすことにより，緊張感も和らいでいきます。

進め方

❶活動の留意点を伝える

生徒に活動の留意点を伝えます。伝える項目は次のようなものです。

・鬼は「狼が来たぞ～」「きこりが来たぞ～」「嵐が来たぞ～」の，3つのセリフを覚えてください。
・鬼がセリフを忘れたときは，他の皆さんがサポートしてください。
・人と触れる（身体接触）ので，苦手な人には配慮してください。
・特定の人ばかりが鬼にならないよう気を配ってください。

❷全員起立し，活動を開始する

3人組をつくり，そのうちの2人が両手を高い位置で合わせて木となります。残りの1人が，間に入ってリスとなります。3人組をつくれなかった生徒が鬼になり，次のセリフのどれか1つを大声で叫びます。

鬼が「狼が来たぞ～」と叫んだら，木は動かずにリスだけが別の木に移動します。

鬼が「きこりが来たぞ～」と叫んだら，リスは動かずに，木が他のリスのところへ行き，新しい木2人とリスの1人の3人組をつくります。

鬼が「嵐が来たぞ～」と叫んだら，木もリスも全員がバラバラになって，新しく3人組をつ

くります。

　鬼は，叫んだのと同時に移動している生徒の中に加わり，新しく残った生徒が鬼になります。

　新しくつくられた3人組で新しい木とリスの役割を分担し，ワークを続けてください。最初は教師が鬼の役割を演じてモデルを示すと良いでしょう。

❸感想を聞いて振り返る

「鬼になったときどんな気持ちになりましたか」
「鬼にならないコツは何かありますか」
「プログラムを体験して，感じたこと，気づいたことを教えてください」
など質問することで，プログラムを振り返る機会にしてください。

POINT

　プログラムが終了した後，活動を通してどのような気持ちになったのかを数名に尋ねて振り返りをしましょう。

　鬼はセリフを覚えなければならないので，しばらく時間を与えるか，セリフを板書するのが良いでしょう。さらに最初は教師が鬼を演じてモデルを示すのも良いでしょう。

　また，特定の生徒ばかりが鬼にならないよう，事前に共感的な何人かに頼んで，3人組に入れてもらうよう配慮してください。そうするとみんなが楽しむことができるようになるでしょう。

❷学級の結びつきを強める

14 パーフェクト・ザ・ニコイチ

所要時間 10分　**場所** 教室などの広い場所
準備物 なし

プログラムの概要

　フルーツバスケットを応用したものです。常にペアで活動しますので，パーフェクト・ザ・ニコイチ（「２人で１つになって完全」の意味の造語）と呼ばれています。鬼になった生徒が，ペアの２人同士が会話をしなければわからないような質問をします。ペアのどちらかが該当すれば，ペアで席を離れ新しいペアをつくります。お互いに会話をし，身体を動かし，相手を探して連れてくるプログラムです。このプログラムを通じてペアで話し合いお互いのことを知り合います。素早く移動して新しいペアを探すので身体接触も多く，緊張感が緩み，親近感が高まります。

進め方

❶活動の留意点を伝える

　まず，全体の人数が奇数になるようにします。生徒の合計数が偶数の場合は教師も参加しましょう。
　次に，生徒に活動の留意点を伝えます。伝える項目は次のようなものです。
・鬼はペアが話し合わないとわからない質問をしてください。例えば「８月生まれの人」「昨日ゲームをやった人」などです。
・「眼鏡をかけている人」など外見でわかる質問は避けてください。
・個人的な事情にかかわるもの，人を傷つけるような質問なども避けてください。
・鬼が質問を考えつかなかった場合は，ヒントを与えるなどサポートをしてください。
・同じ人が続けて鬼にならないようにしてください。

❷活動を開始する

これはフルーツバスケットをアレンジしたものです。まず，生徒同士でペアを組み，それぞれの顔が見えるよう輪になって着席した状態から開始します。鬼の生徒は中央に立ち，「血液型がO型の人」などといった，ペアがお互いに会話をしないと相手の答えがわからない質問を残りの生徒にします。教師は「5，4，3，2，1」と5秒間話し合う時間をカウントし，次に「ゴー」と言います。その間に各ペアで話し合いを行います。2人のうち1人でもその質問に該当した場合には，「ゴー」というかけ声で，ペアを解消して各々が席を移動します。

鬼は，移動中の1人を捕まえて新しいペアを組み，空いている席に座ります。ここでペアを組めなかった生徒が新しい鬼となります。今度は「カラオケが好きな人」のように，常に会話をしないと答えがわからない質問をします。この要領で次々とペアを組みかえていくゲームです。生徒はその都度，歓声をあげて盛り上がることでしょう。

❸感想を聞いて振り返る

「鬼にならないコツは何かありますか」
「プログラムを体験して，感じたこと，気づいたことを教えてください」
などと質問することで，生徒は自分の活動を振り返ることができます。このプログラムを通じて，積極的に声をかけるとうまくいくことなどに気づく機会にしてください。

POINT

プログラムが終了した後，活動を通してどのような気持ちになったのかを数名に尋ねて振り返りをしましょう。
鬼になった生徒の気持ちを聞くことで，鬼にならなかった大多数の生徒に，鬼の気持ちを知ってもらうことも大切です。そのような内容になるように教師は心がけてください。

❷学級の結びつきを強める

15 チャレンジ・ザ・迷画

所要時間 40分　**場所** 教室

準備物 模造紙などの大きな紙（各グループ1枚），クレヨン（各グループ1セット），白紙（タイトル記入用，各グループ1枚），p.51「『チャレンジ・ザ・迷画』指示書」

プログラムの概要

　4人グループで，自分の好きな色のクレヨンを使い，一人ひとり順番に，教師の指示した図形をかいていきます。全員の共同作業で1つの絵が完成します。絵が完成した後，それぞれが個人作業で絵のタイトルとそのタイトルをつけた理由を考えます。次にグループで話し合いメンバー全員が納得する絵のタイトルと理由を考えます。話し合いを通じてメンバー全員が納得できる合意点をつくり上げるようにします。これらが終わった後に，各グループはタイトルとその理由を説明します。このようにして，まずグループ内での検討を経た後に，それぞれのグループの発表を聞くことで，人はそれぞれ受け止め方が違うことを学びます。このプログラムを通じて人はそれぞれ違った考え方をするものであり，その違いを理解して，お互いに歩み寄ることで集団の結びつきが強まることを知ることができます。

進め方

❶活動の留意点を伝える

　生徒に活動の留意点を伝えます。伝える項目は次のようなものです。
・1人ずつ順番に図形をかくようにしてください。
・話をせずに，教師の指示に従って図形をかくようにしてください。
・図形をかいている人以外は，図形をかいているメンバーをよく観察してその人の気持ちを推測してください。
・話し合いでは，聞き手は，話し手が自分の考えを伝えて良かったと思えるような対応をしてください。例えば笑顔で聞く，相手の方を見て聞く，うなずきながら聞く，相づちを打ちながら聞くなどといった態度で対応することです。
・他者の意見を尊重し，自分の意見に固執せず，メンバー全員が納得できるように話し合いを進めてください。

・意見の相違があった場合，多数決ではなく，説得して全員が納得できるように努めてください。

❷指示に従って図形をかく

4人グループになり，自分の好きなクレヨンを選びます。教師が，「1番目の人は三角形を1つかいてください」「2番目の人は三角形をもう1つかいてください」…というように，1〜4番目の生徒へ順番に指示を出します（p.51「チャレンジ・ザ・迷画」指示書参照）。

生徒は，教師の指示に従って一人ひとり順番に，教師の指示通りに図形をかいていきます。

2周したところでこの作業は終了です。この時点で絵は完成したものとします。

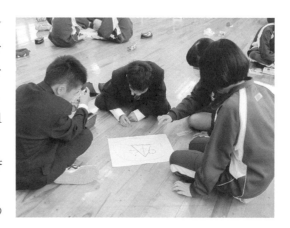

このとき，他のメンバーのかく図形を静かに観察し，そのメンバーの選んだクレヨンの色，かいた図形の大きさや位置などから他のメンバーの思いを推測することが大切です。この一連の作業では言葉を使わず，静寂の中で行います。

❸完成した絵にタイトルをつける

次に完成した絵を見て，グループとしてのタイトルをつけます。そのために，個人作業とグループ活動を行います。

まず個人でその絵のタイトルと，そのタイトルをつけた理由を考えます。このとき，様々な角度から絵を複眼的に観察しタイトルと理由を考えると良いということを示唆します。席を立ったり，動いたりしても良いということも伝えると良いでしょう。

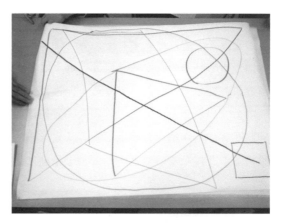

タイトル「あひるのお昼寝」

全員がタイトルを考えたら，グループ活動に入ります。グループ内で順番に自分の考えたタイトルとその理由を発表します。その後，グループで話し合い，グループとしてのタイトルとその理由を決定します。ここでは，メンバー全員が納得できるタイトルになるよう話し合いをします。4人が考えたタイトルから1つ選んでも良いし，新たに話し合って決めるのも良いでしょう。

話し合いのポイントは，全員が納得するタイトルとなるように，話し合いの過程でそれぞれ

が他者の話に耳を傾け，その思いを理解するように努めることです。話し合いを通じて相互理解の大切さを学ぶことができます。また，自分のグループの絵と他のグループの絵を比較し，タイトルやその理由の，自分のグループとの違いを考えます。それによって，生徒はそれぞれ価値観や考え方が違うことを学びます。その価値観や考え方の違いを理解して，お互い納得できる結論を探すことが結果的に集団の結びつきを強めることになることを学びます。

❹タイトルを発表する

　すべてのグループで絵のタイトルが決まったらＡ４紙に書き，グループごとに発表をします。他のグループの発表を聞き，それぞれの捉え方の違いに気づくことが大切です。時間に余裕がない場合は，グループの発表のかわりに全員が立ち上がって移動して，他のグループの絵とタイトルを見て回り感じたことや気づいたことを全体で振り返る方法もあります。

❺感想を聞いて振り返る

　「かいている人を観察してどんなことに気づきましたか」
　「グループとしてのタイトルを決めるための話し合いで大切なことは何だと思いますか」
　「プログラムを体験して，感じたこと，気づいたことを教えてください」
などと質問することで，生徒は自分の活動を振り返り，プログラムを通じてメンバーがどんなことを考えているのか，話し合いで必要なことは何かを考えることができます。人はそれぞれ違っていて，それはどれも間違いではないということに，生徒が気づく機会にしてください。

　教師が同じ指示をしたのにもかかわらず，自分のグループと他のグループの作品が違っているのを見て，人はそれぞれ考え方・価値観が違っていることに気づくよう配慮してください。人は違っているのだから，自分と違うという理由で，他者をからかったり，いじめたりすると，自分にも同じことが返ってくる可能性があるということを全員に伝えることも大切です。

　このプログラムを通して，個人の価値観の違いを知り，その違いを理解することによって，それぞれの人が納得し満足できる結論を求めることができ，それを通じて，集団の結びつきを強めることになるのだということを生徒に伝えるようにしてください。

POINT

　活動の終わりには必ず，活動を通してどのような気持ちになったのか数名に尋ねて振り返りをするようにしましょう。他のメンバーが無言で図形をかいているのを観察しているときに，どんなことを考えていたかを生徒に尋ねるようにしてください。話し手が話をしているときに，自分の聞き方は適切であったかを振り返るように全員に指示してください。

ワークシート

「チャレンジ・ザ・迷画」指示書

①実施する順番を各グループの中で決める

②迷画をかく

1　1番の人は，クレヨンから好きな色を選ぶ。
　　そのクレヨンで模造紙に丸をひとつかく。大きさや位置は自由。

2　2番目の人は，好きな色を選んで三角形をひとつかく。

3　3番目の人は，三角形をもうひとつかく。

4　4番目の人は，正方形をひとつかく。

5　1番目の人は，ひし形をひとつかく。

6　2番目の人は，好きな長さの直線を好きな位置に1本かく。

7　3番目の人は，最初の丸より小さな丸をひとつかく。

8　4番目の人は，最初の丸より大きな丸をひとつかく。

③タイトルを決める

しばらく無言で自分たちのかいた絵を眺める。

自分たちのかいた絵にふさわしいタイトルをひとりで考える。

グループでタイトルを決める。白紙にタイトルを書く。

④発表する

各グループで代表者を決め，自分たちの絵を各グループが発表する。

❷学級の結びつきを強める

16 足し算トーク

所要時間 10分　場所 教室
準備物　p.54「足し算トーク」（4～5人グループにつき1枚）

プログラムの概要

4～5人グループで，0本～5本の指をみんなで同時に出し，出た指の本数を足した数字によって話す話題を決めます。その話題についてグループのメンバーが自由に話し，お互いの理解を深めるプログラムです。

進め方

❶プログラムの目的を知る

グループのメンバーが同じ話題について自由に話しますので，個々のメンバーの考え方や価値観がわかります。話し手が話しているときには，その他のメンバーは話し手に対して笑顔でアイコンタクトをとる，うなずきながら相づちを打つなど傾聴の姿勢を学ぶことができます。話題の内容に合った適切な姿勢が求められますので，笑顔については状況に応じて判断するよう指示してください。

❷活動の留意点を伝える

次に，生徒に活動の留意点を伝えます。伝える項目は次のようなものです。
・0～5本の指を出し，出された指の本数を足します。合計が1桁の場合は，ワークシートの同じ番号を探し，その題に沿ってメンバー全員が話してください。2桁の場合は一の位の数字で話題を選んでください。
・聞き手は，話し手が話してよかったと思うような聞き方をして下さい。例えば，笑顔で話し手の方を向いて，うなずきながら，「ふ～ん」「なるほど」と相づちを打つなど，話の内容に合った適切な対応をするようにしてください。
・1人の人が長く話しすぎないように，時間をメンバーで均等になるようにしてください。

❸活動を開始する

4〜5人グループで,「3 セブンイレブンじゃんけん」(p.22〜)で紹介した要領で,0本〜5本の指をみんなで同時に出します。出された指の本数を足し,その一の位の数字と事前に配付したワークシート「足し算トーク」(出された指の本数の合計の一桁目の数と対応する『話題』が記された表)とを照らし合わせます。そして,
その話題について,時計回りの順番で話をしていきます。表の話題はそれぞれ2段になっていますので,最初は上の段の話題を使い,再び同じ数が出た場合には下の段を使うようにします。全員が話し終えたら,再びじゃんけんをして,次の題のテーマに沿って同じことをくり返します(同じ数字が3回以上出て,上段の話題も下段の話題も使い終わった場合にはじゃんけんをやり直すなど工夫をしてください)。

全員が安心して参加するために,話したくない内容のときはパスしても良いことにします。

同じテーマについて各メンバーが話しますが,当然,同じ話題でも話し手によって違った内容となります。考え方や価値観は人それぞれ違うのだということに改めて気づくことができるプログラムとなっています。また,自分と同じような内容を話す生徒がいた場合には,その生徒に対する親近感が増し,関係が良くなることが予想されます。人それぞれの考え方の違いを知ると同時に,考え方の近い生徒同士の距離を縮める効果があります。

なお,学校での実施という観点から考えるならば,このプログラムは保護者会で保護者同士の会話を促進し,良好な人間関係をつくるためのプログラムとしても活用できます。保護者間の人間関係が良くなることによって,学級活動を円滑に進めていくことができるようになります(p.55の保護者用ワークシート「足し算トーク(保護者用)」を活用してください)。

❹感想を聞いて振り返る

「話す内容はメンバーで同じでしたか,違っていましたか」

「プログラムを体験して,感じたこと,気づいたことを教えてください」

などと質問することにより,生徒の他者理解,自己理解が深まり,生徒同士の会話が促進されるよう教師は工夫してください。

> **POINT**
>
> 活動を通じてどのような気持ちになったかを数名に尋ねて振り返りをしましょう。同じ話題で話しても,メンバーの中では内容が同じ人や違う人が出ることが予想されます。ものの捉え方は十人十色であることを生徒に気づかせるよう工夫しましょう。話し手が気分良く話すことができたのは,聞き手の聞き方によるものだということも伝えましょう。

ワークシート

足し算トーク

・4～5人のグループをつくり，0～5本の指を出して，全員の指の数を足して話題を決めます（一の位の数字）。
・1巡目は①の話題を，2巡目にも同じ数字になったら②の話題について話をします。
・理由がある場合は，理由を伝えてください。

1の位	話題の内容
0	①もし，自由に透明人間になれるとしたら？
	②今，楽しみにしていることは？
1	①自分を動物に例えると？
	②動物に生まれかわるとしたら？
2	①食糧以外で無人島にもっていきたいものは？
	②家族で旅行に行くならどこがいい？
3	①世の中で最も嫌いなものは？
	②1千万円の宝くじに当たったら？
4	①できないけどやってみたいことは？
	②奇跡が起きて，1つだけ願いが叶うとしたら？
5	①今までなくしたものの中で最も大切だったのは？
	②これだけは，ぜひなくなってほしいと思うものは？
6	①やったー，生きていてよかったと実感できるのはどんなとき？
	②最も恥ずかしかったできごとは？
7	①人生で，これがないと困ると思うものは？
	②貧乏でおもしろい人と，お金持ちでつまらない人，結婚するなら？
8	①つきあい始めた直後に，以前好きだった人から告白されたら？
	②つきあってみたら，イメージが全然違っていたら？
9	①死ぬ前に1回だけたらふく食べられるとしたら何を食べる？
	②食べ物をめぐる悲しい思い出を教えてください。

※オープンマインドで，気楽に話してください。
　話したくない話題のときは，「パス」と言ってください。

足し算トーク（保護者用）

・4～5人のグループをつくり，0～5本の指を出して，全員の指の数を足して話題を決めます（一の位の数字）。
・1巡目は①の話題を，2巡目にも同じ数字になったら②の話題について話をします。
・理由がある場合は，理由を伝えてください。

1の位	話題の内容
0	①早寝・早起き・朝ごはんが大切だといわれますが，どう思われますか？
	②簡単でおいしい料理を教えてください。
1	①入学のころと比べて，お子さんの「成長」したところは？
	②得意を伸ばしてあげたい？　それとも欠点を直したい？　そのわけは？
2	①子育てでうれしかったことは？
	②選ぶなら，どっち。安定した人生？　山あり谷ありの人生？　理由は？
3	①お子さんのことで，忘れられないエピソードは？
	②できないけど，やってみたいことは？
4	①子育てで困っていることは？
	②1億円の宝くじが当たったらどうする？
5	①幸せを感じるときはどんなとき？
	②あなたの健康法を教えてください。
6	①自分の子育てで自慢できることは？
	②あなたの息抜きの方法は（ストレス解消法）？
7	①お子さんが試験前にもかかわらず勉強しようとしません。どうする？
	②フランス料理のフルコース。パンにする？　ライスにする？
8	①どこでもドアがあったら，あなたはどこに行きたいですか？
	②お子さんと一緒に楽しみたいことは？
9	①あなたの大切にしていることは？
	②お子さんの好物の家庭料理は？

※オープンマインドで，気楽に話してください。
　話したくない話題のときは，「パス」と言ってください。

❷学級の結びつきを強める

17 トラストウォーク

所要時間 30分　　**場所** 校舎全体

準備物 アイマスクまたは目を隠すためのタオルなど

プログラムの概要

　トラストウォークとは，目隠しをした状態で校舎内を案内してもらいながら，相手を信頼し，信頼されて歩くプログラムです。目隠しをしている生徒は，恐怖感をもつと思われます。案内する生徒は，その気持ちを察しながら，その心に寄り添って，相手が安心できるように導きます。案内される生徒は，相手を信頼し，身体を委ねるようにします。このプログラムを通じて，相手を信頼すると相手から信頼されることになると気づくことでしょう。

進め方

❶活動の留意点を伝える
　生徒に活動の留意点を伝えます。伝える項目は次のようなものです。
・同性の人とペアをつくってください。
・案内する人も，目隠しをした人も，声を出さないようにしてください。
・案内する人は，目隠しをした人が不安をもたないように，相手の気持ちを察しながら案内してください。
・目隠しをした人は，案内する人に自分の身を任せてください。

❷活動を開始する
　同性同士でペアをつくり，じゃんけんをして負けた方が目隠しをします。目隠しをしていない方の生徒が，目隠しをした生徒を案内して建物を１周します（教師はこのプログラムで生徒が通る経路を事前に考えておき，安全に配慮をし，場合によっては通行の許可をとるなどしておいてください）。
　生徒同士は話をしてはならないこと，次に役割を交代して同じことを行うことなどを生徒に事前に伝えておいてください。目隠しをした生徒は，目が見えていない状態で，相手に身を任

せるのですから，プログラムの途中で相手は本当に信頼できるのだろうかと，不安になることもあるでしょう。目隠しをした生徒は，相手を信頼して身を任せているのですから，任された方は自然と責任感をもつようになります。相手を信頼すること，相手から信頼されることの難しさをここでは体験します。生徒は，相手を信頼すると相手から信頼されることに気づきます。このプログラムの後では，2人の関係は深まることが予測されます。

❸感想を聞いて振り返る

「目が見えない，言葉が使えないとき，どんな気持ちになりましたか」
「目隠しをした人を案内したとき，どのような配慮をしましたか」
「プログラムを体験して，感じたこと，気づいたことを教えてください」
などといった質問に答えることで，生徒たちは，案内役のとき，相手に安心感を与えるためにはどうすれば良いかを考えることにつながります。また，案内されるときには，反対に相手に身を任せることでかえって安心感が得られることなどに気づくことになるでしょう。

※このプログラムは，十分安全に配慮の上行ってください。

POINT

活動を通してどのような気持ちになったのかを数名に尋ねて振り返りをしましょう。
　身体接触があるので，同性でペアをつくるようにしてください。プログラムを実施するときには，教師は数名の補助者に応援を頼み，階段などに立ってもらい危険を回避するよう配慮してください。言葉と視覚を遮断されると，聴覚，嗅覚，触覚が敏感になることを伝えておくと良いでしょう。階段の手すりの手触り，室内と廊下の空気の違い，周囲の音の違いなどを感じ取るように示唆しておくと，生徒は興味深い感覚を味わうことができるでしょう。

❸聞く力を身につける

18 一方通行と双方向のコミュニケーション

所要時間　20分　　**場所　教室**

準備物　p.60「①一方通行のコミュニケーション」（人数の半分の枚数），p.61「②双方向のコミュニケーション」（人数の半分の枚数），A4サイズの白紙（人数分）

プログラムの概要

　ペアで背中合わせに座り，お互いの顔が見えない「一方通行のコミュニケーション」では，双方が不安な気持ちになり，ミスやずれが起こりやすいことを体験します。これに対してお互いの顔が見え，双方向の会話がなされることによって，コミュニケーションが円滑に成り立つことを体験するプログラムです。

進め方

❶活動の留意点を伝える

　生徒に活動の留意点を伝えます。伝える項目は次のようなものです。

【一方通行のコミュニケーション】

・お互いの顔が見えないように背中合わせに座ってください。
・話し手は，3分間で聞き手に図の説明をしてください。言葉だけの一方的な伝達となります。
・聞き手は，質問することはできません。与えられた情報で自分の思った通りかいてください。

【双方向のコミュニケーション】

・お互いの顔が見えるように向かい合って座ってください。
・話し手は，説明する図を聞き手に見せてはいけません。口頭だけで説明してください。
・聞き手は，質問をしながら，図をかいてください。
・話し手は，聞き手がかいている図を覗き込んでアドバイスすることができます。

❷「一方通行のコミュニケーション」を行う

　ペアになって話し手と聞き手を決めます。
　まずは，「一方通行のコミュニケーション」を行います。話し手と聞き手は背中合わせになって座ります。話し手はワークシート①を持ち，聞き手は白紙と筆記用具を持ちます。3分間

で，話し手は自分が見ている図形と同じ図形を聞き手がかくことができるように図形の説明をします。聞き手は話し手に質問をすることはできません。3分後，お互いに図を見せ合います。その後，お互いに感想を述べます。最後に全体で活動を振り返ります。

❸「双方向のコミュニケーション」を行う

次に，「双方向のコミュニケーション」を行います。話し手と聞き手を交代し，話し手はワークシート②を持ちます。聞き手は白紙と筆記用具を持ちます。今回は話し手と聞き手が向き合って座ります。「一方通行のコミュニケーション」と同様に，3分間で話し手が聞き手に自分の持っているものと同じ図形がかけるように説明し

ます。「双方向のコミュニケーション」では聞き手は話し手に質問をすることができ，話し手は聞き手の質問に答えることができます。話し手は聞き手に図形を見せてはいけませんが，聞き手の図を覗き込んでアドバイスすることはできます。3分後，お互いに図を見せ合います。その後，お互いに感想を述べます。最後に全体で振り返りを行います。

2つの活動を通じて，生徒は相手との会話ができず，相手の顔を見ることができないことがコミュニケーションにとって大きな障害になることを実感することができます。

❹感想を聞いて振り返る

「一方通行のコミュニケーションを行っているときに，どんな気持ちになりましたか」
「双方向のコミュニケーションを行っているときは，どんな気持ちになりましたか」
「プログラムを体験して，感じたこと，気づいたことを教えてください」

などと質問することにより，コミュニケーションをとるとき，相手の表情がわかり，会話があれば安心感が生まれ，ミスやずれが少なくなるということを生徒が理解できるようにします。

POINT

活動を通じてどのような気持ちになったかを数名に尋ねて振り返りをしましょう。一方通行の場合は，相手の表情や進行状況がわからず，話し手に内容が伝わっているのか不安になること，双方向の場合は，お互いに表情や言葉を交わすことができるので安心でき，ミスが減ることを確認しましょう。また，メールによる連絡は一方通行のコミュニケーションに近く，トラブルが起こりやすい伝達手段であることをつけ加えても良いでしょう。

①一方通行のコミュニケーション

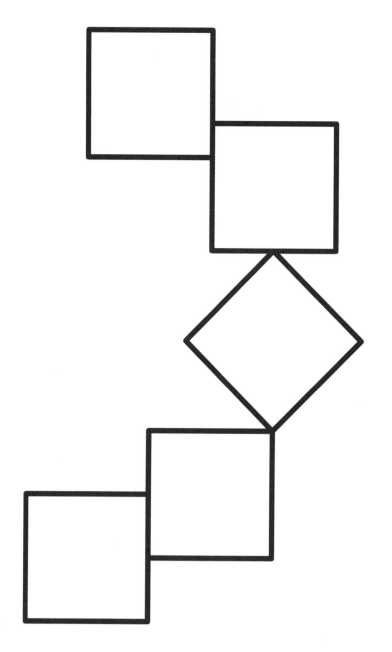

●**手順**

　上の図をよく見てください。聞き手に対し，**背を向けた状態で**この図がかけるように指示してください。一番上の四角形から説明を始め，順番に降りていきます。先に説明した四角形と，今説明している四角形との関係を述べるようにしましょう。

　ただし，**質問を受けることはできません**。

②双方向のコミュニケーション

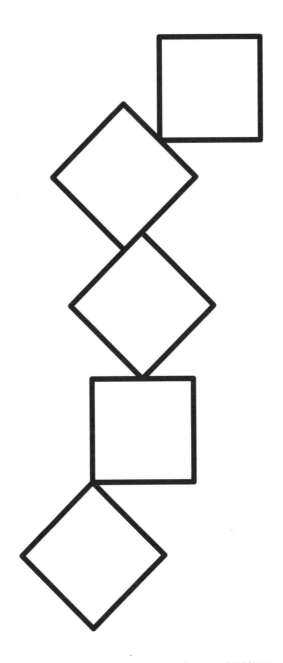

●手順

　上の図をよく見てください。聞き手に対し，**向き合った状態で**この図がかけるように指示してください。一番上の四角形から説明を始め，順番に降りていきます。先に説明した四角形と，今説明している四角形との関係を述べるようにしましょう。

　ただし，**質問を受けたり，アドバイスしたりすることができます。**

❸聞く力を身につける

19 良い聞き方・悪い聞き方

所要時間 20分　**場所** 教室

準備物 話を聞くときの3つのコツを示した図，活動の3つのルールを示した図，わかりやすく話すコツを示した図（p.63，64の図を大きく掲示できるようにすると良い）

プログラムの概要

　このプログラムでは，生徒はペアになり，良い聞き方と悪い聞き方を体験します。生徒は，それぞれどのような気持ちになるかを学びます。まず，聞き手が話し手を無視し，無関心な姿勢の「悪い聞き方」を体験し，次に聞き手が丁寧に聞く「良い聞き方」を体験します。このプログラムを体験することによって，聞き手の聞き方次第で話し手の気持ちが変わることに生徒は気づくでしょう。また，聞き手に悪い聞き方をされると話し手は否定的な気持ちになり，良い聞き方をされると肯定的な気持ちになることを体験します。話し手は，聞き手に悪い聞き方をされたときの方が，良い聞き方をされるときより，時間が長く感じるかもしれません。話し手は自由に自分の言いたいことを話すことができますが，聞き手は，話し手のペースに合わせ，表情，話し手の顔を見る（アイコンタクト），うなずきながら相づちを打つなど，話し手に話を聞いていることが伝わるようなサインを出さなければなりません。話すことより聞く方が難しく，また大切であることを学ぶプログラムです。

進め方

❶活動の留意点を伝える

　生徒に活動の留意点を伝えます。伝える項目は次のようなものです。

【悪い聞き方】

- 話し手は，最近うれしかったこと，楽しかったことをテーマに話してください。
- 聞き手は，話し手に対して，無表情で，話し手の顔を見ず，うなずかず，相づちも打たないなどといった態度で，話し手の話に反応することなく話を聞くようにしてください。
- 話し手は，教師が合図するまで話し続けてください。
- 終了後，話し手と聞き手は握手をしてください。

【良い聞き方】
・話し手は,最近うれしかったこと,楽しかったことをテーマに話してください。
・聞き手は,話し手に対して,話し手の顔を見たり,笑顔を向けたり,うなずきながら相づちも打ったりして,話を聞いてください。
・話し手は,教師が合図するまで話し続けてください。

　話題については,「最近うれしかったこと,楽しかったこと」になっていますが,「夏休み,冬休み,春休みの予定」「好きなこと」など,話し手が話しやすい話題にしても良いでしょう。また,話すことが苦手な生徒には下の「わかりやすく話すコツ」を提示して,時間をとって話す内容を考えさせてから行うこともできます。さらに,「活動の3つのルール」を提示して,生徒が安心して自己表現ができる環境をつくってください。

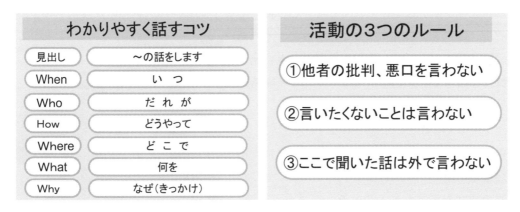

　また,必ず「悪い聞き方」を先に行い「良い聞き方」を後に行ってください。「悪い聞き方」でプログラムを終了すると生徒がネガティブな心理状態に陥ることがあるからです。また,いじめられ体験など人間関係に傷ついた生徒がいる場合や,からかい,いじめが起きる雰囲気のある集団では「悪い聞き方」は教師の実演を見せるだけにとどめてください。「悪い聞き方」を行うことでフラッシュバックが起きたり,からかいやいじめのきっかけになったりする可能性があるからです。

❷「悪い聞き方」の見本を見せる

　まず「悪い聞き方」の例を示します。生徒1人に協力してもらい,実演をします(事前に実演する生徒を呼んで打ち合わせをしておいてください)。教師が聞き手,生徒が話し手の役を演じます。聞き手は横を向く,全く別な作業をするなど話し手の言葉を無視し,意図的に無関心な態度をとります。その後,話し手の役となった生徒が,このプログラムの中で生じた感想や気持ちを述べる時間をとります。ここで話し手である生徒からは「聞いてもらえないので悲しい」,「こっちを向いてよ,と言いたい気持ちになった」といった感想が述べられると思われ

ます。
　次に，生徒に聞き手の態度について気づいたことを聞きます。ここでは生徒から「目線が合っていない」，「身体が話し手に向いていない」，「無表情である」，「相づちがない」などのコメントが出ることが予想されます。このようなコメントが出やすいように，教師は態度，視線，反応などに留意するようにします。生徒から指摘された「悪い聞き方」の特徴的な態度や表情を板書するようにします。

❸「悪い聞き方」を行う

　次に，生徒同士でペアを組み，「悪い聞き方」を実際に行います。このとき，教師は聞き手に対して，板書された「悪い聞き方」の特徴的な態度を参考にして「悪い聞き方」を演じるように指示します。時間は30秒間ですが，生徒には伝えません。「悪い聞き方」の後は，必ず話し手と聞き手が握手して終了してください。握手で終了するのは，お互いが役割を終えたことを確認し，否定的な感情が残らないようにするためです。次に生徒から「話し手」となったときに感じた気持ちを聞きます。生徒からは「イライラする」，「悲しくなる」，「空しい」などの否定的なイメージの感想が出てくることが予想されます。ここで，教師は板書された「悪い聞き方」の特徴的な表情や動作の記述を見るように指示します。その上で，これと反対の態度や表情をとることを心がければ，「良い聞き方」につながるのではないかと提言します。

❹「良い聞き方」を行う

　次に，「悪い聞き方」と反対の態度や表情を「話を聞くときの3つのコツ」（右図）として提示します。この3つを実践するように指示した上で，「良い聞き方」を行います。時間は1分間ですが，生徒には伝えません。このときもプログラム終了後に，話し手となったときの気持ちを聞くようにします。生徒からは「相手がしっかりと聞いていることが伝わった」「もっと話したくなった」「楽しかった」などの感想が出されることと思われます。

❺感想を聞いて振り返る

「悪い聞き方で，話を聞いてもらったとき，どんな気持ちになりましたか」
「良い聞き方で，話を聞いてもらったとき，どんな気持ちになりましたか」
「聞き手のどのような態度から，聞いてもらっていると感じることができましたか」
「プログラムを体験して，感じたこと，気づいたことを教えてください」

などと質問することにより，生徒は，聞き手の対応で話し手の気持ちが変わることがわかるようになります。会話の良し悪しを主として決めているのは，聞き手の対応によるものだということを生徒が気づくよう教師は工夫してください。

❻それぞれの活動を行った時間を伝える

最後に生徒に「悪い聞き方」は30秒，「良い聞き方」は1分間行ったことを伝えます。生徒は30秒の「悪い聞き方」よりも1分間の「良い聞き方」の方が，時間が短く感じるということを実感することでしょう。このプログラムを通じて生徒は，聞き手の聞き方次第で，話し手の気持ちが変わるものであるということを学ぶことができます。

> **POINT**
>
> 活動を通じてどのような気持ちになったかを数名に尋ねて振り返りをしましょう。良い聞き方のときには，生徒から「うれしくなる」「時間がたつのが早く感じる」などのコメントを引き出すように工夫してください。また，話し手が，聞き手のどのような態度から，話を聞いてもらっていると感じることができたのかを整理し，「話を聞くときの3つのコツ」につながるようにしてください。

❸聞く力を身につける

20 くり返しの技法

所要時間 10分　場所 教室

準備物　p.69「くり返しのワークシート」（人数分），「くり返し」の効果の図（下図を大きく掲示できるようにすると良い）

プログラムの概要

　このプログラムでは，聞き手は話し手の話す言葉の一部や全部をそのまま相手にくり返して話す体験をします。聞き手が話し手の言葉を受け止めることによって，話し手の意欲がわいてくることに気づくためのプログラムです。この体験を通じて，聞き手の態度によって話し手が自分の気持ちや考えを整理することができ安心感，信頼感，満足感を抱くようになるということを知ることができます。聞き手の態度や対応によって話し手の気持ちが変わることを体験するプログラムとなります。

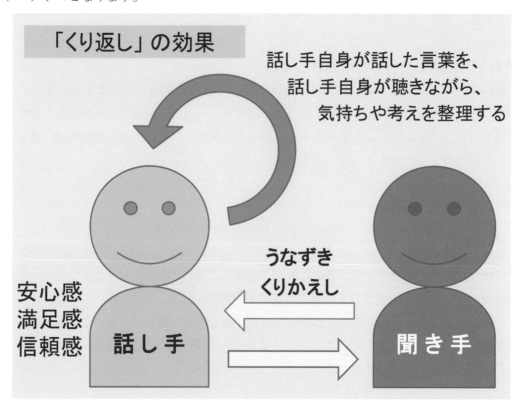

進め方

❶活動の留意点を伝える

まず，生徒に活動の留意点を伝えます。伝える項目は次のようなものです。
・聞き手は，話し手の顔を見て，話題に合った表情をし，うなずきながら相づちも打って話を聞いてください。
・聞き手がくり返しやすいよう，話し手はゆっくり話してください。
・このプログラムでは，言葉に感情を込めて，自然な会話になるよう心がけてください。

❷教師が「くり返し」を実演する

「くり返しのワークシート」を配付し，2人の教師で「くり返し」を次のように実演します。

話し手：お母さん，働きに行ってるんだ。
聞き手：お母さん，働きに行ってるんだね。
話し手：夜遅くじゃないと，帰ってこないし…
聞き手：夜遅くじゃないと，帰ってこないんだね。

このように，相手の言ったことをそのままくり返すように相づちを打ちます。他の教師の協力が仰げない場合は，生徒1人に協力してもらい話し手になってもらうのも良いでしょう。

❸活動を開始する

続いて，生徒は，ペアを組んで話し手，聞き手になり，同様の体験をします。
まずはお互いにワークシートのセリフの読み合わせを行います。話し手はワークシートを見ても良いですが，話すときは聞き手の顔を見るようにします。聞き手はワークシートを見ないで話し手の顔を見て，話し手と同じ言葉をくり返すように相づちを打ちます。お互いに相手の顔を見て，感情を込めて会話をするように心がけます。これができるようになるまでくり返します。

次に役割を交代して行います。このとき，前項p.62～「19　良い聞き方・悪い聞き方」でも触れた「良い聞き方」をするように促します。また，「話を聞くときの3つのコツ」（笑顔，相手の顔を見る，うなず

きながら，相づちを打つ）については，今回のワークシートの話題は話し手の辛い気持ちを取り上げていますので，聞き手は笑顔ではなく真剣な表情で話を聞くように指示します。

❹さらに実践的な聞き方に挑戦する

さらに，相手の言ったことすべてをそのままくり返すのではなく，「キーワード」をくり返して伝えることを実践します。話題は，ワークシートを使わずに，前項「19 良い聞き方・悪い聞き方」で話したような「最近楽しかったこと，うれしかったこと」とします。例えば，以下のようになります。

話し手：昨日，家族でレストランに行ったんだ。
聞き手：へー，レストランに。
話し手：久しぶりの外食で，ゆっくり話ができてうれしかったよ。
聞き手：ゆっくり話ができたんだね。

このときは，楽しい話題なので聞き手は笑顔で聞くよう指示します。日常では文をすべてくり返すことは難しいので，キーワードをくり返す練習をするのが実践的です。くり返しの技法を使うことによって，話し手の聞き手に対する信頼感が醸成され，普段から相談し合える関係づくりにつながります。また，話し手に対する聞き手の理解も深まります。

❺感想を聞いて振り返る

「（話し手に）聞き手にくり返してもらったとき，どんな気持ちになりましたか」
「（聞き手に）くり返しをしてどんなことに気づきましたか」
「プログラムを体験して，感じたこと，気づいたことを教えてください」
などと質問することによって，生徒は，自分の活動を振り返ることができます。くり返しの技法が他者理解に役立つことに気づくよう工夫してください。

POINT

活動を通じてどのような気持ちになったかを数名に尋ねて振り返りをしましょう。聞き手がくり返しの技法を使って話を聞くことで，話し手が聞き手にわかってもらえたと実感することができるという主旨のコメントを生徒から引き出すように工夫してください。
　教師は，くり返しの効果の図（p.66）を活用し，聞き手の聞き方によって，話し手は自分の考えが整理され，安心感，信頼感をもつことができるようになるということを説明してください。

くり返しのワークシート

A 話し手:「お母さん,働きに行ってるんだ…」
　聞き手:「　　　　　　　　　　　　　　　　　　　　　　　　　」
　話し手:「夜遅くじゃないと,帰ってこないし…」
　聞き手:「　　　　　　　　　　　　　　　　　　　　　　　　　」
　話し手:「帰ってきても,すごく疲れてるみたいで…」
　聞き手:「　　　　　　　　　　　　　　　　　　　　　　　　　」
　話し手:「ちっとも話なんかできないし…」
　聞き手:「　　　　　　　　　　　　　　　　　　　　　　　　　」

B 話し手:「なんだか,部活おもしろくないんだ…」
　聞き手:「　　　　　　　　　　　　　　　　　　　　　　　　　」
　話し手:「みんな,やる気ないみたいって感じだし…」
　聞き手:「　　　　　　　　　　　　　　　　　　　　　　　　　」
　話し手:「先生もめったに見に来てくれないし…」
　聞き手:「　　　　　　　　　　　　　　　　　　　　　　　　　」
　話し手:「自分勝手なやつもいて…」
　聞き手:「　　　　　　　　　　　　　　　　　　　　　　　　　」

C 話し手:「クラス委員長に選ばれたんだ…」
　聞き手:「　　　　　　　　　　　　　　　　　　　　　　　　　」
　話し手:「推薦してくれるクラスメートが多くて…」
　聞き手:「　　　　　　　　　　　　　　　　　　　　　　　　　」
　話し手:「どうしたらみんなの期待に応えられるか心配なんだ…」
　聞き手:「　　　　　　　　　　　　　　　　　　　　　　　　　」

❸聞く力を身につける

21 事実と気持ちの理解

所要時間　10分　　場所　教室

準備物　p.73「事実と気持ちを理解しよう！」（人数分）

プログラムの概要

　前項 p.66〜「20　くり返しの技法」の応用編になります。このプログラムでは，聞き手は，話し手の話す文をそのままくり返し，さらに気持ちも推測して伝え返します。聞き手が，話し手の立場や気持ちを理解し声を出して伝え返してくれることで，話し手は聞き手に対して信頼感，安心感，満足感を抱くようになります。これによって，話し手は，現状の自分を肯定することができ，さらに話したくなります。

　ピア・サポート活動で他者支援をする上で，他者との信頼関係を構築するために不可欠なプログラムです。

進め方

❶活動の留意点を伝える

　生徒に活動の留意点を伝えます。伝える項目は次のようなものです。
・聞き手は，話し手の顔を見て，話題に合った表情をし，うなずきながら相づちを打って話を聞いてください。
・話し手は，聞き手がくり返しやすいよう，ゆっくり間をとって話してください。
・聞き手は，相手の気持ちを推測して伝え返してください。
・話し手及び聞き手は，言葉に感情を込めて，自然な会話になるよう心がけてください。

❷例を示し，活動の仕方を理解する

　これは聞き手が話し手の発言を聞いて，事実（事柄）と気持ち（感情）に分けて話し手に伝え返すというプログラムです。配付したワークシート（p.73）の例を使って行います。
　例えば，話し手が「最近，英語がよくわからないんだ」と言います。聞き手は，「英語がわからないんだね」と事実をくり返します。その事実のくり返しの後に，聞き手は「それは困っ

たね」と気持ちを推測して伝え返します。

　もし聞き手の発言した話し手の気持ちについての返しが，話し手の思っていることと違っている場合は，話し手は聞き手に「私の思いとは少しずれている気がします。できたら違った表現を考えてくれませんか」と発言を訂正してもらいます。
　言い直した言葉が依然として話し手の気持ちと違っていたら，話し手は，自分の気持ちを聞き手に伝えて，それを伝え返してもらうようにします。
　例えば，話し手は「悔しい」と感じているのに，聞き手が「困っていますね」と伝え返した場合，話し手は次のように発言して，言い直しを要求するようにします。
　「私の気持ちは『困った』ではなく，『悔しい』に近いです。この気持ちを使って言い直してくれませんか」。
　このプログラムを行うことで，相手の感情に対する観察力を高めることができるようになるでしょう。

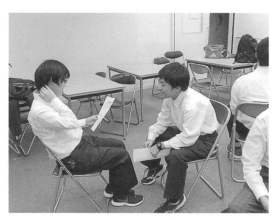

❸実際の困りごと・悩みごとを相談する

　次に，教師は生徒に自分が今困っていたり，悩んでいたりすることをワークシートに記入するよう指示します。生徒は新しいペアをつくり，聞き手，話し手となり自分の困りごとや悩みごとを伝えます。次に役割を交代して行います。聞き手になった方はそれを事実と気持ちに分けて伝え返します。これが定着すれば，生徒は日常生活でも他者の気持ちを理解できるようになり，他者との良好な人間関係を築けるようになることが期待されます。

❹感想を聞いて振り返る

　「話し手になったとき，聞き手に言葉だけでなく，気持ちも伝え返してもらいましたが，どんな気持ちになりましたか」
　「以前行った『くり返しの技法』では，聞き手に言葉だけを返してもらいました。今回は気持ちも伝え返してもらいましたが，どんな違いがありましたか」
　「聞き手になったとき，言葉だけでなく，気持ちも推測して伝え返しましたが，どんなことに気づきましたか」
　「プログラムを体験して，感じたこと，気づいたことを教えてください」
などと質問することにより，生徒は，自分の活動を振り返ることができます。
　聞き手が，事実ばかりでなく，気持ちも伝え返すことで，話し手と聞き手の間に共感が生まれ，信頼関係の構築につながるでしょう。生徒がそのことに気づくように教師は質問を工夫してください。

POINT

　活動を通じてどのような気持ちになったかを数名に尋ねて振り返りをしましょう。聞き手に事実ばかりでなく気持ちも推察してくり返してもらうことで，話し手は，聞き手に対して安心感や信頼感を抱くようになることを生徒が理解できるように教師は工夫してください。
　聞き手は，話の事実だけでなく，気持ちに焦点を当てて聞くことによって，話し手の置かれている状況や気持ちを理解できます。それにより話し手に共感が生まれることも生徒が気づくよう心がけてください。

事実と気持ちを理解しよう！

1．「事実」と「気持ち」をキャッチする練習をします。

　①最近，うちの親はケンカばかりしているんだ。

　〈事実〉

　〈気持ち〉

　②最近，友だちのケンジが口をきいてくれないんだ。

　〈事実〉

　〈気持ち〉

　③最近，英語の授業がわからないんだ。

　〈事実〉

　〈気持ち〉

2．問題をつくって，ペアで練習してみましょう。

　〈自分の問題1〉

　〈自分の問題2〉

❸聞く力を身につける

22 要約の技法

所要時間 20分　**場所** 教室

準備物 p.76「①相手の話を要約しよう！」, p.77「②人生の選択」（それぞれ人数分）

プログラムの概要

　このプログラムでは，聞き手は，話し手の話を，特に気持ち（感情）や考え（思考・価値観）に焦点を当てて聞き取ります。次にそれを伝え返します。聞き手は話し手の気持ちや考えを理解し，伝え返してくれるので，聞き手に対して，聞いてもらえている，わかってもらえているなどの信頼感，安心感が生まれます。常に相手の気持ちや考えに注目して話を聞けるようになると，話し手の置かれている状況や気持ち，してほしいことがわかるようになります。話し手の気持ちに沿って話を聞くために有効な技術です。

進め方

❶活動の留意点を伝える

　生徒に活動の留意点を伝えます。伝える項目は次のようなものです。
・聞き手は，ワークシートを見ても良いですが，質問するときは話し手の顔を見るようにしてください。
・話し手は，聞き手が要約しやすいよう，ゆっくり話してください。理由も述べてください。
・話し手及び聞き手は，自然な会話になるよう心がけてください。

❷要約の技法について説明する

　要約とは，相手の話を聞いた後に，聞いた話の内容をまとめて自分の言葉で伝え返すことです。相手から「そうそう」「そうなんです」という反応を引き出すことで，さらに会話を促進できます。ここでは要約の目的とその表現方法を，演習を通じて学びます。教師は，ワークシート「①相手の話を要約しよう！」（p.76）を用いてプログラムの目的，表現方法を説明します。

❸要約の練習をする

　生徒はペアをつくり，聞き手と話し手を決めます。
　聞き手が話し手に，ワークシートの「3　演習」にある「大人と子ども，どちらが良いか」という「二者択一」の質問をします。話し手は①の文を読みます。聞き手はそれを要約して返します。役割を交代して，同様に②も行います。
　ワークシート中の要約に相当する部分は空欄となっていますので，生徒が適切な要約を考えて記入し，聞き手の質問に答えられるように時間をとります。

❹「人生の選択」を行う

　要約の実践として，ペアを替えてワークシート「②人生の選択」（p.77）を使って同じ要領でプログラムを行います。このように練習を重ねることによって，相手の話をスムーズに要約する技術を身につけることができるでしょう。

❺感想を聞いて振り返る

　「プログラムを体験して，感じたこと，気づいたことを教えてください」
などと質問することにより，生徒は，聞き手が話し手の話を要約して返すことで，話し手は自分の話した内容を整理し確認できるということがわかるように教師は質問などを工夫してください。

POINT

　プログラムを通じてどのような気持ちになったかを数名に尋ねて振り返りをしましょう。要約の練習を積み重ねることで，相手の気持ちや立場がわかるということが実感できるように，教師は心がけてください。

①相手の話を要約しよう！

1 プログラムの目的
(1) 聞き手が，話し手の事実（事柄），気持ち，考えをまとめて返してくれるので，話し手は聞いてもらえている，わかってもらえているという安心感や信頼感を聞き手に対してもつことができる。
(2) 聞き手は，話し相手の事実（事柄），気持ちや考えを把握できる。
(3) 話し手は，「自分の伝えたい」事実（事柄），気持ちを整理できる。
(4) 習慣になると，相手の「気持ちや立場，してほしいこと」などが理解できる人になることができる。

2 表現方法
(1) 相手の話の内容から，「気持ち（＝感情）」「考え・意見（＝思考・価値観）」を表す言葉に注目する。
(2) 「あなたの気持ちは……なのですね」「あなたは……という気持ちなのですね」
「あなたの考えは……なのですね」「あなたは……という意見なのですね」
と，気持ちや考えを要約して伝える。
(3) 「それは……」「その理由は……」「というのは，……」などでつけ足す。

3 演習：「二者択一」で要約を考える
●大人と子ども，どちらが良いか
① 私は，大人を選びます。なぜならば，大人は社会的責任を果たさなければならないけれど，自分の判断と責任で，周りに迷惑をかけない限り，自由に好きなように考え行動することができるからです。

要約①「あなたは_____ですね。」

② 私は，子どもを選びます。なぜならば，何よりも子どもの気楽さが良いです。親や先生からうるさく言われるけれど，生活費を自分でかせがなくても養ってもらえます。許される範囲の遊びや活動は安心してやれるのが楽です。

要約②「あなたは_____ですね。」

②人生の選択

二者択一の質問　（理由も述べてください）

① 「夏休みに遊びに行くとすれば，あなたは海を選びますか，山を選びますか？」
要約（あなたは，＿＿＿＿＿＿＿＿＿＿＿＿＿＿＿＿＿＿＿＿＿＿＿＿＿＿＿＿＿＿＿＿＿）

② 「海・山で知り合った相手と恋に落ちました。あなたは恋人を選ぶなら，顔や財産で選びますか，性格で選びますか？」
要約（あなたは，＿＿＿＿＿＿＿＿＿＿＿＿＿＿＿＿＿＿＿＿＿＿＿＿＿＿＿＿＿＿＿＿＿）

③ 「海・山で知り合った相手と結婚することになりました。結婚式はキリスト教の教会で挙げますか，神前で挙げますか？」
要約（あなたは，＿＿＿＿＿＿＿＿＿＿＿＿＿＿＿＿＿＿＿＿＿＿＿＿＿＿＿＿＿＿＿＿＿）

④ 「結婚式も無事終わり，新婚旅行に出かけます。新婚旅行は，海外を選びますか，国内を選びますか？」
要約（あなたは，＿＿＿＿＿＿＿＿＿＿＿＿＿＿＿＿＿＿＿＿＿＿＿＿＿＿＿＿＿＿＿＿＿）

⑤ 「いよいよ新婚生活がスタートします。新居はマンションを選びますか，一戸建てを選びますか？」
要約（あなたは，＿＿＿＿＿＿＿＿＿＿＿＿＿＿＿＿＿＿＿＿＿＿＿＿＿＿＿＿＿＿＿＿＿）

⑥ 「最近，離婚や転職を考えるようになりました。このような大切な決断を，あなたは自分の考えで決めますか，他人の意見を受け入れますか？」
要約（あなたは，＿＿＿＿＿＿＿＿＿＿＿＿＿＿＿＿＿＿＿＿＿＿＿＿＿＿＿＿＿＿＿＿＿）

⑦ 「あなたは体調を崩して入院することになりました。入院するなら個室を選びますか，大部屋（6人部屋）を選びますか？」
要約（あなたは，＿＿＿＿＿＿＿＿＿＿＿＿＿＿＿＿＿＿＿＿＿＿＿＿＿＿＿＿＿＿＿＿＿）

⑧ 「いよいよ臨終のときを迎えます。あなたは生まれ変わるとしたら，男性を選びますか，女性を選びますか？」
要約（あなたは，＿＿＿＿＿＿＿＿＿＿＿＿＿＿＿＿＿＿＿＿＿＿＿＿＿＿＿＿＿＿＿＿＿）

❹伝え合う力を身につける

23 上手な頼み方・断り方

所要時間　10分　　場所　教室

準備物　p.81「上手な頼み方・上手な断り方」（人数分）

プログラムの概要

　頼みごとをするときに，「こんな頼みごとをして相手が嫌な気持ちになるのではないだろうか」，あるいは「こんな頼みごとをして笑われたりしないだろうか」と不安になります。また，友達からの頼まれごとを断ると，相手から嫌われたり，人間関係が崩れたりするのではないかと考えてしまって，友達からの意に沿わない依頼を断れない生徒がいます。このような生徒たちに，相手を嫌な気持ちにさせない頼み方や断り方を教えることで，困ったときは友達に適切な依頼の方法で頼むことで，友達から助けてもらい，問題を解決することができるということを学びます。

　また，この方法を知ることで，自分には荷が重すぎたり，自分の意に添わない依頼をはっきり断ることができるようになります。このような練習を積むことによって，生徒たちが問題を抱え込みすぎないようにするためのプログラムです。

※本プログラムの題材は，米田（2015）による，確かな社会性と豊かな感情を育てるキラキラプログラム「気持ちのよい頼み方をしよう」「無理なことは上手に断ろう」を参考にしていますが，ロールプレイでの体験とその振り返りを重視する観点から，子どもからスキルを抽出するプロセスは意図的に割愛させていただいています。

進め方

❶活動の留意点を伝える

　生徒に活動の留意点を伝えます。伝える項目は次のようなものです。
・上手な頼み方・上手な断り方のワークシートに従って行ってください。
・言葉に感情を込めて，自然な会話になるよう心がけてください。

❷上手な頼み方を実践する

　生徒にワークシート「上手な頼み方・上手な断り方」（p.81）を配付します。
　まず，上手な頼み方のパターンは「①声かけ→②頼みごとの内容→③理由→④結果について

の対応」であることを説明します。その後，練習として，「授業の板書でノートを写せなかったので，隣の人にノートを見せてもらいたい」という状況であなたならどのように頼むのかをワークシートに記入させます。

その後，次のように解答例を伝えます。
「①ちょっとごめん→②ノートを見せてくれない→③書き忘れたことがあるので」
さらに，「あなたは手にクラス全員分のノートを持って教室のドアのところに立っています。手がふさがっているので近くにいる友達にドアを開けてもらいたいと思っています。どのように頼みますか」と問いかけて，解答をワークシートに記入させます。

その後，次のように解答例を伝えます。
「①ごめん→②ドアを開けてくれない→③手がふさがって開けられないから」
上手な頼み方のパターンを理解したところで，自分が過去に頼みごとをされた経験を生かして，上手な頼み方のパターンに添って自分の頼みごとを考えてもらいます。その頼みごとを学級の生徒に頼む練習をします。練習なので頼まれた生徒は頼みごとを快く引き受けます。頼んだ生徒は「ありがとう」と言ってまた別の生徒にお願いごとをします。このように限られた時間の中でできるだけ多くの生徒に頼みごとをする練習を行います。そのとき，適切な距離（約1m）をとって相手を見て，相手が話を聞ける状態になるまで待ち，さらに相手に聞こえる声の大きさで伝えるというコツを教えます。また，頼みごとを断られたときには，「今ダメなら，後で貸してくれる」などと対応するということもアドバイスします。頼み方のパターンを活用し，くり返し練習をすることで定着を図ります。頼みごとをされると信頼されている感じがして，うれしくなることにも生徒は気づくことができるでしょう。

❸上手な断り方を実践する

次に，ワークシートを使って，上手な断り方のパターンは「①あやまる→②断る→③理由→④代替案の提示」であることを説明します。

その後，生徒に頼みごとを断る練習を実際にしてもらいます。まず，家族から夕食をつくるのを手伝ってもらいたいと頼まれたとき，どのように断るかをワークシートに記入してもらいます。

記入後，次のように解答例を伝えます。
「①ごめん→②今日は手伝えないよ→③宿題がたくさんあるから→④明日は絶対手伝うから」
次の例題として，「あの子ムカつくから一緒に無視しよう」と言われたらどう断るかをワー

クシートに書いてもらいます。

　記入後，次のように解答例を伝えます。
「①ごめん→②無視はしないよ→③自分がされたら嫌だから→④話し合ってみたらどうかなあ。それなら一緒にするよ」

　上手な断り方のパターンを理解できたところで，実際に頼みごとを断る練習をします。先ほどの頼み方の練習を利用します。それを上手な断り方のパターンを使って断ります。時間内でできるだけ多くの生徒と練習を行うようにします。このとき，代替案の例を伝えます。「今はダメだけど，後でならいいよ」「全部はダメだけど，少しならいいよ」「ずっとはダメだけど，交代ならいいよ」などといったものです。このように断り方のパターンを使い練習し，定着を図ります。

　ここでは，断る理由と代替案を伝えることに，特に留意してもらいます。生徒は頼みごとを断られても，人間関係が壊れることは少ないことに気づきます。教師は，頼まれたら，できることは気持ち良く引き受け，無理なことやできないことはきちんと断るように生徒にアドバイスしてください。そうすることによって一人ひとりが学級の中で，安心して自分らしく生活できるようになることでしょう。

❹感想を聞いて振り返る

「日ごろみなさんがしている頼みごとの方法と，上手な頼みごとの方法に何か違いがありましたか。あるとすれば，それはどのような違いですか」
「断ったり断られたりしたときの気持ちに，これまでと，どのような違いがありましたか」
「プログラムを体験して，感じたこと，気づいたことを教えてください」

などと質問することにより，生徒は，今回学んだことを振り返ることができます。他の人に何か依頼するときには，声かけや謝罪などの前置きを言うと相手が安心できること，また断るときには，理由や代替案を言われると相手は納得できるといったことに自然と生徒が気づくことができるように教師は工夫してください。

POINT

　活動を通じてどのような気持ちになったかを数名に尋ねて振り返りをしましょう。生徒から日ごろの頼み方と上手な頼み方の違いを引き出せるよう工夫してください。断るときには理由や代替案を伝えることで，断っても相手は納得するということが理解できるように心がけてください。友人からの頼まれごとは，できることであれば快く引き受け，できないことは断ることが長い目で見ると良好な人間関係を維持するためには大切であることを伝えてください。

上手な頼み方

頼み方の基本

①声かけ	②頼みごとの内容	③頼みごとの理由	④その結果についての対応
ごめんね	このプランターを運ぶの手伝ってくれない？	ひとりでは運べないんだ。	ありがとう。

上手な断り方

断り方の基本

①あやまる	②断る	③理由	④代替案の提示
ごめんね	今日はだめだよ。	家族で食事に行くから	明日ならいいよ。

❹伝え合う力を身につける

24 アイメッセージを使った伝え方

所要時間 20分 **場所 教室**

準備物 p.84「①ユーメッセージとアイメッセージを見分けよう」, p.85「②シナリオ」, p.86「③アイメッセージで伝えよう」（それぞれ人数分）

プログラムの概要

　ユーメッセージ（you message）とは，相手である「あなた」を主語にした話し方です。一方アイメッセージ（I message）とは，自分の気持ちや要求を正確に伝えるための効果的な方法として「私」を主語にする話し方です。ユーメッセージとアイメッセージを学ぶことで，自分が日常ではユーメッセージを多く使っていることに気づかせます。また，アイメッセージを体験することで，ユーメッセージは相手に攻撃的に受け取られ反発を招きやすいことが理解できます。アイメッセージは自分がどう感じているかを相手にわかりやすく伝えているので，良好な人間関係づくりに役立ちます。また，アイメッセージでは行動の判断は相手に任されているので，相手の成長を促すことができるということを学びます。

進め方

❶活動の留意点を伝える

　生徒に活動の留意点を伝えます。伝える項目は次のようなものです。
・ペアで練習するときは，お互いに相手の顔を見て感情を込めて，自然なコミュニケーションになるよう心がけてください。

❷「ユーメッセージ」を演じる

　アイメッセージは，相手を責めたり，傷つけたりしない言い方です。一方ユーメッセージは，責任の所在が相手にあることを示すものです。この言い方をされると，言われた人は責められているように感じ，人間関係を悪くする恐れがあります。生徒は，ワークシート「①ユーメッセージとアイメッセージを見分けよう」（p.84）を使って，アイメッセージとユーメッセージを見分ける練習をします。

　その違いを理解したところで，ワークシート「②シナリオ」（p.85）上段「ユーメッセージ

のシナリオ」に従って，教師がユーメッセージを使った寸劇を演じます。生徒はペアになり，そのシナリオを見て同様に演じます。その後，ワークシート右半分の３つの質問の解答を空欄に記入します。

❸「アイメッセージ」を演じる

ユーメッセージの練習を終えたところで，教師がワークシート「②シナリオ」(p.85)下段「アイメッセージのシナリオ」に従ってアイメッセージの例を演じます。その後，生徒は先ほどと同じペアで，シナリオを見てアイメッセージを演じます。それから，同様に３つの質問の解答を記入します。続いて生徒は，４人グループになりユーメッセージとアイメッセージから受ける印象の違いを話し合います。

❹「アイメッセージ」をつくる

次に，ワークシート「③アイメッセージで伝えよう」(p.86)を配付します。それを使って，４つのステップ（①相手の行動→②自分への影響→③自分の感情→④相手への要求）に従って自分の考えたアイメッセージをつくります。

その後ペアになり，お互いに自分の考えたアイメッセージを相手と伝え合い，伝えられたときの気持ちを話し合います。このようにして，生徒が日常の生活の中でアイメッセージを使えるようにします。

❺感想を聞いて振り返る

「アイメッセージで言われたときとユーメッセージで言われたときとでは気持ちは変わりましたか」
「プログラムを体験して，感じたこと，気づいたことを教えてください」
などと質問することで，生徒がアイメッセージの良さに気づくよう工夫してください。

POINT

プログラムを通じてどのような気持ちになったかを数名に尋ねて振り返りをしましょう。生徒から，「ユーメッセージは相手を責めている感じがするので反発を招き人間関係を崩しやすい。一方アイメッセージは自分の感情を伝えているので相手を傷つけず，人間関係も崩さない」というコメントを引き出すように心がけてください。教師は，「クラスの人間関係を良好にしたいので学校生活の中でお互いにユーメッセージは避け，アイメッセージを使うように」と生徒に伝えてください。

ワークシート

①ユーメッセージとアイメッセージを見分けよう

・（　）内に，ユーメッセージには（Y），アイメッセージには（I）と書いて下さい。

①（　　）相手に向かって「いつも元気いいねえ」

②（　　）「君の笑顔を見ているとうれしくなるよ」

③（　　）「俺のＣＤいつになったら返してくれるの？」

④（　　）「この前，貸したＣＤ，明日どうしても聞きたいんだ」

⑤（　　）「なんでいつも遅刻するんだ。どういうつもりだ」

⑥（　　）「今週はずっと遅刻だな。何か理由があるのか教えて欲しいんだが」

⑦（　　）「わたし，あなたがそんな顔しているの見ると，とてもつらい」

⑧（　　）「いつもありがとう。感謝！　感謝！」

⑨（　　）「授業中の私語はやめなさい」

⑩（　　）「先生の目の前でしゃべられると授業に集中できなくて困るんだよ」

⑪（　　）「お母さんのつくった食事を残さず食べてくれてうれしいわ」

⑫（　　）「早く起きなさい。遅刻するわよ」

⑬（　　）「こんな遅くに帰ってきて，何時だと思ってんの」

⑭（　　）「朝自分で起きてくれて，お母さん助かるわ」

⑮（　　）「連絡もしないでこんな遅くに帰ってきて，事故にでも遭ったんじゃないかと，お母さん心配するじゃない」

【解答】Ｙ…①③⑤⑨⑫⑬　Ｉ…②④⑥⑦⑧⑩⑪⑭⑮

②シナリオ

- **朝子（あさこ）** ⇒あなたは明代と古くからの友人です。明代とコンサートに行く約束をしていたのですが，忘れてしまい，最近できた友人とその日一緒に遊ぶ予定を立ててしまいました。あなたはどうすべきか困っています。
- **明代（あきよ）** ⇒あなたは朝子のことを親友だと思っています。しかし，朝子はあなたとのコンサートに行く約束を忘れてしまい，他の計画を立てたことを知ったので，あなたは傷つき怒りを感じています。

ユーメッセージのシナリオ

朝子：あっ，明代，元気？
明代：うん，元気だよ。今度，朝子と一緒に行くコンサート，すっごく楽しみだよ。
朝子：えっ？
明代：「えっ？」ってどういう意味？ 忘れてたの？
朝子：あ，ああ…コンサート！
明代：コンサートのこと忘れてたの？ どういうこと！行けるよね？
朝子：うーん。わからない。他の子と金曜日，遊びに行く約束しちゃったんだ。
明代：ええ？ サイアク！ あなたっていつも忘れっぽいんだから。私と先に約束したはずよ。あなたはいつもいいかげんなんだから。
朝子：ええっ！ いいかげんはひどいよ。…あなたとは一緒に行きたくないわ。
明代：こっちこそ。

①あなたは2人が今，どう感じていると思いますか。
　●朝子　　　　　　●明代

②どんな言葉を使ったためにこの感情が生まれたと思いますか。使われた表現を抜き出しなさい。
　●朝子　　　　　　●明代

③この会話は2人の友情にどのような影響を与えるでしょうか。

アイメッセージのシナリオ

朝子：あっ，明代，元気？
明代：うん，元気だよ。今度，朝子と一緒に行くコンサート，すっごく楽しみだよ。
朝子：えっ？
明代：「えっ？」ってどういう意味？ 忘れてたの？
朝子：あ，ああ…コンサート！
明代：コンサートのこと忘れてたの？ どういうこと！行けるよね？
朝子：うーん。わからない。他の子と金曜日，遊びに行く約束しちゃったんだ。
明代：前から一緒に行く計画立ててたよね…楽しみにしていた計画が流れるなんて，がっかり。これからも朝子のこと信頼してもいいのかな。
朝子：がっかりさせてごめん。明代のこと傷つけるつもりは全然なかったのに…
　　　もちろん，明代と一緒に行くよ。あの人たちとはまた，遊べるから。
明代：よかった。コンサート，楽しみにしてるよ。

①あなたは2人が今，どう感じていると思いますか。
　●朝子　　　　　　●明代

②どんな言葉を使ったためにこの感情が生まれたと思いますか。使われた表現を抜き出しなさい。
　●朝子　　　　　　●明代

③この会話は2人の友情にどのような影響を与えるでしょうか。

ワークシート

③アイメッセージで伝えよう

あなたがどう感じているかをアイメッセージで伝えて下さい。
次の【　　　】を埋めてアイメッセージをつくってください。

例）あなたの兄弟がノックをしないで部屋に入って来る。あなたがそれを嫌っていることを知りながら。そのとき，あなたはこう言います。

行動【ノックもせずに部屋に入って来ると　　　　　　　　　　　　　　　　　】
影響【安心して部屋にいられないので　　　　　　　　　　　　　　　　　　　】
感情【不安になります　　　　　　　　　　　　　　　　　　　　　　　　　　】
要求【これから部屋に入るときは，ノックしてほしいんです　　　　　　　　　】

1．友達が，他の人と話すために，あなたの話を聞くのを急にやめてしまった。そのときあなたは…

行動【　　　　　　　　　　　　　　　　　　　　　　　　　　　　　　　　】
影響【　　　　　　　　　　　　　　　　　　　　　　　　　　　　　　　　】
感情【　　　　　　　　　　　　　　　　　　　　　　　　　　　　　　　　】
要求【　　　　　　　　　　　　　　　　　　　　　　　　　　　　　　　　】

2．ある生徒が図書館で，あなたを笑わせようとしてじっとあなたを見ています。一生懸命勉強しているので，やめるように一度言ったのに…

行動【　　　　　　　　　　　　　　　　　　　　　　　　　　　　　　　　】
影響【　　　　　　　　　　　　　　　　　　　　　　　　　　　　　　　　】
感情【　　　　　　　　　　　　　　　　　　　　　　　　　　　　　　　　】
要求【　　　　　　　　　　　　　　　　　　　　　　　　　　　　　　　　】

3．クラスメートが，あなたのことを冗談のネタにしてからかいます。そのときあなたは…

行動【　　　　　　　　　　　　　　　　　　　　　　　　　　　　　　　　】
影響【　　　　　　　　　　　　　　　　　　　　　　　　　　　　　　　　】
感情【　　　　　　　　　　　　　　　　　　　　　　　　　　　　　　　　】
要求【　　　　　　　　　　　　　　　　　　　　　　　　　　　　　　　　】

4．友達が，前に貸した本をいつまでたっても返してくれません。そのときあなたは…

行動【　　　　　　　　　　　　　　　　　　　　　　　　　　　　　　　　】
影響【　　　　　　　　　　　　　　　　　　　　　　　　　　　　　　　　】
感情【　　　　　　　　　　　　　　　　　　　　　　　　　　　　　　　　】
要求【　　　　　　　　　　　　　　　　　　　　　　　　　　　　　　　　】

③アイメッセージで伝えよう（解答例）

あなたがどう感じているかをアイメッセージで伝えて下さい。
次の【　　　】を埋めてアイメッセージをつくってください。

例）あなたの兄弟がノックをしないで部屋に入って来る。あなたがそれを嫌っていることを知りながら。そのとき，あなたはこう言います。

行動【ノックもせずに部屋に入って来ると　　　　　　　　　　　　　　　　　】
影響【安心して部屋にいられないので　　　　　　　　　　　　　　　　　　　】
感情【不安になります　　　　　　　　　　　　　　　　　　　　　　　　　　】
要求【これから部屋に入るときは，ノックしてほしいんです　　　　　　　　　】

1．友達が，他の人と話すために，あなたの話を聞くのを急にやめてしまった。そのときあなたは…

行動【私の話を聞いているときに，他の人と話し出すと　　　　　　　　　　　】
影響【無視されているように感じて　　　　　　　　　　　　　　　　　　　　】
感情【悲しくなる　　　　　　　　　　　　　　　　　　　　　　　　　　　　】
要求【私の話が終わるまで待ってくれない？　　　　　　　　　　　　　　　　】

2．ある生徒が図書館で，あなたを笑わせようとしてじっとあなたを見ています。一生懸命勉強しているので，やめるように一度言ったのに…

行動【あなたが，私の顔をじっと見ていると　　　　　　　　　　　　　　　　】
影響【勉強に集中できなくて　　　　　　　　　　　　　　　　　　　　　　　】
感情【イライラする　　　　　　　　　　　　　　　　　　　　　　　　　　　】
要求【勉強中に私の顔を見るのはやめてほしい　　　　　　　　　　　　　　　】

3．クラスメートが，あなたのことを冗談のネタにしてからかいます。そのときあなたは…

行動【あなたが，私を冗談のネタにしていると　　　　　　　　　　　　　　　】
影響【馬鹿にされているようで　　　　　　　　　　　　　　　　　　　　　　】
感情【腹が立ちます　　　　　　　　　　　　　　　　　　　　　　　　　　　】
要求【私を冗談のネタにするのはやめてくれない？　　　　　　　　　　　　　】

4．友達が，前に貸した本をいつまでたっても返してくれません。そのときあなたは…

行動【あなたが，貸した本を返してくれないと　　　　　　　　　　　　　　　】
影響【必要なときに使えなくて　　　　　　　　　　　　　　　　　　　　　　】
感情【困るの　　　　　　　　　　　　　　　　　　　　　　　　　　　　　　】
要求【貸した本を返してほしい　　　　　　　　　　　　　　　　　　　　　　】

❹伝え合う力を身につける

25 私のハート

所要時間 30分　**場所** 教室

準備物 p.91「私のハート」（人数分），キッチンタイマー，クレヨン（4人グループに1セット，色鉛筆やフェルトペンでも良いが質感や作業時間の点でクレヨンが望ましい）

プログラムの概要

　ハートがかかれたワークシートに，色を塗ったり絵をかいたりするなどの描画を活用して「最近の自分の気持ち」を表現します。小グループの中で伝え合うことで，生徒の自己理解や他者理解を促進し，安心して自己表現することができる関係性の大切さを体感するプログラムです。

進め方

❶活動の留意点を伝える

　生徒に活動の留意点を伝えます。伝える項目は次のようなものです。
・ハートの外側を使っても構いません。自由に表現してください。
・質問タイムでは，配色，線の薄い濃いなど色にかかわる質問をしてください。
・コメントタイムでは，発表者が話してよかったと思えるようなかかわりをしてください。

❷4人組をつくって活動を開始する

　4人組をつくり，2人ずつ向かい合って座ります。ハートがかかれたワークシートに好きな色を塗って，「最近の自分の気持ち」を表現します（絵や言葉をかいても良いでしょう）。色を塗る時間は3分間です。

❸自分の「ハート」について説明する

　グループで順番を決め，1番目の人が自分の「ハート」について30秒で説明します。次に，他の3人のメンバーが，その「ハート」につい

て順番に質問する,質問タイムを設けます。例えば「そこはどうして青に塗ったのですか」「ここの線は薄いのですが,そちらは濃いですね,何か意味がありますか」などです。一問一答で行います。時間は1分30秒です。

○「ハート」の例

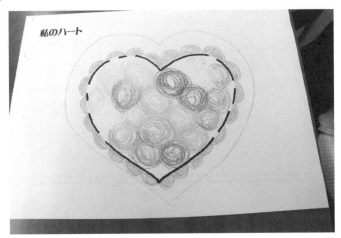

タイトル「いろんな思いを抱えながらも夢に向かって歩んでいます」

❹メンバーの「ハート」に対してコメントする

さらにその「ハート」についてどのように感じたかを,肯定的な側面に注目して他のメンバー3人が順番に感じたことを伝える,コメントタイムを設けます。発表者が話してよかったと思えるようなコメントをするようにしてください。時間は3人合わせて1分30秒です。

❺コメントを受けた感想を伝え合う

最後に,自分の「ハート」について説明した生徒が,他のメンバーからのコメントをもらって,どのように感じたかを30秒で伝えます。例えば,「頑張っているところを認めてもらい勇気づけられた」「落ち込んでいたのに,ポジティブだねと言われ驚いた」などといった感想です。

これで1セットが終わります。それを他の3人のメンバーも行います。プログラムを通じて,生徒が笑顔になって安心して自己表現でき,心地良さを感じるようになります。

❻良質なコミュニケーションのサイクルについて理解する

上のような心地良い感情は,色を塗った生徒が「ハート」について説明し(関係性)→聞き手がそれを肯定的な態度で聞き,肯定的なコメントをし(共感性)→それを色を塗った生徒が聞いて,今のままの自分で良いと感じる(自己肯定感)という良好なコミュニケーションサイ

クルに起因していることを下図「良質なコミュニケーションのサイクル」を使って説明します。

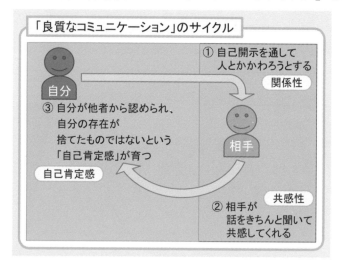

図　「良質なコミュニケーション」のサイクル

❼感想を聞いて振り返る

「プログラムを体験して，感じたこと，気づいたことを教えてください」
などと質問することにより，もっと話したくなる理由が良好なコミュニケーションのサイクルにあることに気づくよう教師は工夫してください。

※ワークシート「私のハート」は，広島大学大学院教授栗原慎二氏考案。
　ハートの輪郭が途切れ途切れになっているのは，もともと意図的なものではなかったとのことです。しかし実際にやってみると，途切れている部分から飛び出して色を塗られたものなど多様なおもしろい作品が出てきたので，この形で日本ピア・サポート学会では実践し続けられています。
※このプログラムでは描写を用いるため，心理状態が投影されやすく，かなり深層のものが出てくる場合もあります。明るく楽しい絵だけでなく，時には真っ黒に塗りつぶされることもあります。こういった場合も想定し，対応できるようにしておきます。心理状態の表出がどうしても心配であれば，「私のハート」はグループで発表するものであること，やりたくなければ無理にやらなくてもよいということの2点を事前に伝えておくとよいでしょう。

POINT

活動を通じて，人とかかわって質問してもらったり，コメントをもらうことによって，自分の気持ちや考えが整理されることや，自分の話を聞いてもらうと，自分も相手の話を聞こうという気持ちになることなどに生徒が気づくよう教師は工夫してください。活動の中で，他者を傷つけることなく，良好なコミュニケーションが起きるように教師は留意しましょう。

ワークシート

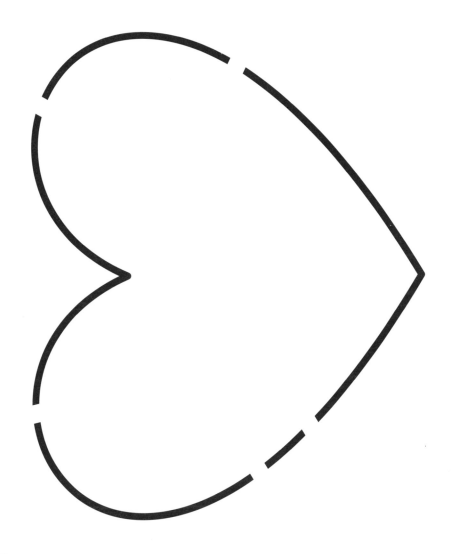

私のハート

第2章 ピア・サポートを生かした学級づくりプログラム

❹伝え合う力を身につける

26 人間鏡

所要時間　5分　　場所　教室
準備物　なし

プログラムの概要

　難しいルールは一切ありません。とにかく相手の動作を鏡合わせのように真似ることです。ぴったりと相手と動作を合わせること自体が目標なのではありません。今回真似るのは，動作だけですが，実際に相手の話を聞くときには，相手の姿勢や座り方，表情，声の大小，声の調子，呼吸などを合わせることで，良好なコミュニケーションが生まれることを生徒に伝えてください。

進め方

❶プログラムの目的を知る

　まず，教師が次のようにプログラムの目的を伝えます。
　「目に見える相手の動作や姿勢，表情を真似ることで，相手の感情への共感を示すことができます。例えば，相手が悲しそうな表情をしたら，こちらも悲しそうな表情で返すということです。相手の身振りを真似ることはお互いの理解を深める手段になります。言葉以外のコミュニケーションを通じて，相手への理解を深めることができることを，このプログラムで学びましょう」

❷活動の留意点を伝える

　次に，生徒に活動の留意点を伝えます。伝える項目は次のようなものです。
・ペアになりじゃんけんをして勝った方が自分の好きな動作をしてください。負けた方は勝った方の真似をしてください。恥ずかしがらずにとにかくやってみてください。
・相手と全く同じタイミングで同じ動作をすると，相手に違和感を覚えさせ，不信感を与えてしまうかもしれません。少しタイミングをずらして行ってください。
・真似する人とされる人は，役割を交代してそれぞれ行ってください。

❸活動を開始する

ペアになり「人間鏡」のプログラムを行います。ペアの一方が好きな動作をします。もう一方が，相手の姿を鏡に映したかのように，同じ動作をします。途中で役割を交替して行います。自分の動作を真似されると気持ちが良くなることに気づきます。

このように，非言語の部分を相手に合わせることで，共感が生まれ，信頼関係が構築できることも学びます。相手の話を聞くときには，これを活用して，相手の話し方や状態と同じような態度をとり，呼吸を合わせるよう伝えてください。

人は自分と共通点があると相手に対して好感をもつといわれています。相手の動作や表情に合わせることで相手に安心感を与え，信頼関係を構築できることを生徒に伝えてください。

❹感想を聞いて振り返る

「相手に真似をされてどんな気持ちになりましたか」
「相手の真似をしてどんな気持ちになりましたか」
「プログラムを体験して，感じたこと，気づいたことを教えてください」
などと質問することにより，相手の身振り，動作や表情に合わせることで，両者の関係が良くなることに生徒が気づくよう教師は工夫してください。

POINT

短い活動ではありますが，終わりには必ず，活動を通してどのような気持ちになったのかを数名に尋ねて振り返りをしましょう。

真似されたときの気持ちよさ，安心感を生徒が実感できるように工夫してください。

また，今回のプログラムは話を聞くときにも活用できるものであることを伝えてください。例えば，相手が前のめりで話しているときは，聞き手も前のめりで話を聞くなどです。それによって話し手は，聞き手と自分が同じテンションであることを知り，聞き手に対して安心感を抱き，信頼関係の構築につながることを伝えましょう。

❺問題解決の力を身につける

27 閉じた質問・開いた質問

所要時間　10分　　場所　教室

準備物　p.96「閉じた質問・開いた質問」（人数分）

プログラムの概要

　質問技法には、「はい」、「いいえ」で答えることができる、または答えが限られている「閉じた質問」と、答えるのに何らかの説明を必要とする「開いた質問」があります。これらの質問を使って、誰かに相談されたときに悩みや困りごとを聞き、その解決のための具体的なゴールを探すことができるようにするプログラムです。

進め方

❶プログラムの目的を知る

　まず、教師が次のようにプログラムの目的を伝えます。
　「『閉じた質問』と『開いた質問』を使って、相談者が『どうなりたいのか』を把握し、ゴールを明確にすることができるようになりましょう」

❷「閉じた質問」と「開いた質問」について知る

　質問の形式には「はい」、「いいえ」で答えることができる「閉じた質問」と、答えるのに何らかの説明を必要とする「開いた質問」があることを説明します。
　閉じた質問は、例えば「ここへは1人で来たの？」というようなものです。相手は「はい」「いいえ」のどちらかで答えることができます。また、「今日は何曜日？」「何月何日？」というような、答えが明らかに1つに限られているものも、閉じた質問と言うことができます。この質問は相手の考えや事実を明確にしたいときに使います。
　一方、開いた質問は、「ここへ来た理由を話してくれる？」というようなものです。相手は、「相談するために来た」などと具体的に答える必要があります。この質問は相手との会話を広げるために使います。

❸「閉じた質問」と「開いた質問」を識別する

次に，ワークシート「閉じた質問・開いた質問」(p.96) を配付します。生徒は閉じた質問はC (close)，開いた質問はO (open) を選び，その２つの識別を確認します。

❹「開いた質問」でインタビューを行う

ペアをつくり，聞き手，話し手を決めます。聞き手は会話を広げるために，主に「開いた質問」を使いながらインタビューのように「好きな食べ物といえば？」「もう少し詳しく話してくれる？」「エピソードを教えてくれる？」などと会話を広げていきます。これを交代して行います。

❺感想を聞いて振り返る

「プログラムを体験して，感じたこと，気づいたことを教えてください」などと質問することにより，「閉じた質問・開いた質問」の理解がより深まるようにしてください。

> **POINT**
> 「閉じた質問ばかりされると責められている感じがする」ということや，「開いた質問によって会話が広がって楽しい」などという感想を生徒から引き出すことができるよう，振り返りの際の質問を工夫しましょう。

ワークシート

「閉じた質問」と「開いた質問」
(Closed Question)　　(Open Question)

次の質問を閉じた質問（C）と開いた質問（O）とに分類しなさい。

1　こんにちは。今日は寒いですね。どうしたの？　　　（ C ・ O ）

2　ここへ1人で来たの？　　　（ C ・ O ）

3　それで，お父さんはそのことをどう思ってると思う？　（ C ・ O ）

4　お母さんには，もう話したのかな？　　　（ C ・ O ）

5　試験が近づくと，やっぱり学校のことが気になる？　　（ C ・ O ）

6　ファミコンなんかで遊ぶ友達いるの？　　　（ C ・ O ）

7　担任の先生のことをどう思うの？　　　（ C ・ O ）

8　○○先生は好き？　　　（ C ・ O ）

9　どんな感じ？　　　（ C ・ O ）

10　来週の木曜日，今日と同じ時間に来れるかな？　　　（ C ・ O ）

11　一番好きな食べ物は？　　　（ C ・ O ）

12　もう少し話してくれる？　　　（ C ・ O ）

13　例えば？　　　（ C ・ O ）

14　エピソードを教えてくれる？　　　（ C ・ O ）

15　今日は何曜日？　　　（ C ・ O ）

「閉じた質問」と「開いた質問」（解答）
(Closed Question)　　(Open Question)

次の質問を閉じた質問（C）と開いた質問（O）とに分類しなさい。

1　こんにちは。今日は寒いですね。どうしたの？　　　（ C ・ **O** ）

2　ここへ1人で来たの？　　　（ **C** ・ O ）

3　それで，お父さんはそのことをどう思ってると思う？　　　（ C ・ **O** ）

4　お母さんには，もう話したのかな？　　　（ **C** ・ O ）

5　試験が近づくと，やっぱり学校のことが気になる？　　　（ **C** ・ O ）

6　ファミコンなんかで遊ぶ友達いるの？　　　（ **C** ・ O ）

7　担任の先生のことをどう思うの？　　　（ C ・ **O** ）

8　○○先生は好き？　　　（ **C** ・ O ）

9　どんな感じ？　　　（ C ・ **O** ）

10　来週の木曜日，今日と同じ時間に来れるかな？　　　（ **C** ・ O ）

11　一番好きな食べ物は？　　　（ C ・ **O** ）

12　もう少し話してくれる？　　　（ C ・ **O** ）

13　例えば？　　　（ C ・ **O** ）

14　エピソードを教えてくれる？　　　（ C ・ **O** ）

15　今日は何曜日？　　　（ **C** ・ O ）

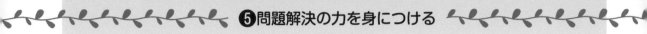

❺問題解決の力を身につける

28 ブレインストーミング

所要時間 20分　**場所** 教室

準備物 p.99「ブレインストーミングでいろいろなアイデアを出そう」(人数分)

プログラムの概要

　ブレインストーミングは,「ブレイン」が頭脳・知力の意味で,「ストーミング」は嵐という意味です。何事にもとらわれずに発想を思い切り広げ, 自由闊達に意見を出す発想法です。

進め方

❶ブレインストーミングの意義と活動の手順を確認する

　ワークシート「ブレインストーミングでいろいろなアイデアを出そう」(p.99) の**1**を使って, ブレインストーミングの意義と, 活動の手順を確認します。

❷ブレインストーミングを開始する

　4人でグループをつくり, ワークシートにある「新聞紙の使い方」などの具体的な例を用いて練習をします。練習を終えたら,「理想の学校」など好きなテーマを設定してブレインストーミングを行います。最初に発言する人はできるだけ奇抜な考えを出すように伝えてください。常識的な意見に縛られると脳が活性化せず, ブレインストーミングの意義が薄れるからです。

❸感想を聞いて振り返る

　「プログラムを体験して, 感じたこと, 気づいたことを教えてください」などと質問して, 活動を振り返ります。ブレインストーミングはリラックスした雰囲気が必要なので, そのような雰囲気となるように教師は工夫してください。

POINT

　ブレインストーミングは学級活動で決めごとをするときにも活用できることを伝えてください。

ワークシート

ブレインストーミングでいろいろなアイデアを出そう

　　　　　　　　　　　　年　　組　氏名

1　ブレインストーミングとは
○ブレイン（Brain：頭脳，知力），ストーミング（Storming：嵐のように）
○アメリカのオズボーンが考えた発想法です。グループで自由に意見を出し合ってより良い方法を考えます。
○ルール
　① 出てきたアイデアについて，良い，悪いの評価はしない。
　② アイデアの出し方は多種多様で，自由で良い。
　③ できるだけ多くの量のアイデアを出す（多いほど良い結果が出る可能性が高い）。
　④ 自分のアイデアだけでなく，他人のアイデアを改良したり，アイデア同士を組み合わせたりして良い。

2　次のテーマについてブレインストーミングしてみましょう。
(1) 新聞紙…新聞は読むものです。他にどのように使えますか？

（記入欄）

(2) 割り箸…食事をするときに使います。他にどのように使えますか？

（記入欄）

(3) ＿＿＿＿＿＿＿＿＿＿＿＿＿＿＿＿＿　（自由にテーマを設定しましょう）

（記入欄）

第2章　ピア・サポートを生かした学級づくりプログラム

❺問題解決の力を身につける

29 問題解決スキルのロールプレイ

所要時間 30分　**場所** 教室

準備物 p.102「問題を解決する5つのステップシート」, p.103「私の困りごとリスト」(それぞれ人数分)

プログラムの概要

　このプログラムでは,相談に対して複数の解決策を示し,それらの中から相談者自身が解決方法を選択し,具体的な行動計画を立てることができるよう,「サポーター」として支援する方法(問題解決スキル)を学びます。「3　聞く力を身につける」のプログラムで学んだ「良い聞き方,くり返し,事実と気持ちの理解,要約」のスキル(傾聴スキル)を使います。

　なお,ここでは,話し手が問題を抱えていて,しかもそれを解決したいと願っていることが前提となります。したがって,既に学んだ「事実や気持ちを正確に把握すること」に加えて,相談者の「どうなりたいのかという願い」を理解することが大切な要素となります。

進め方

❶活動の留意点を伝える

　生徒に活動の留意点を伝えます。伝える項目は次のようなものです。

・これから説明する5つのステップに沿って行ってください。
・解決方法の決定をするのは,サポーターではなく,相談者です。

❷問題解決スキルの5つのステップを説明する

　「問題を解決する5つのステップシート」(p.102)を配付し,問題解決スキルの5つのステップについて説明します。

・**ステップ1「課題の明確化」**…聞き手は「傾聴スキル」(2章「❸聞く力を身につける」のプログラム参照)を用いて,起きている「事実」や話し手の「感情」を把握し,解決すべき課題を明確にします。なお,ここでは聞き手は,話し手の困っているという気持ちに共感し,踏ん張っているところを指摘するなど,相談者をエンパワーするよう留意してください。
・**ステップ2「ゴールの明確化」**…「閉じた質問・開いた質問」(p.94)で学んだ質問スキル

を用いて，話し手が「どうなりたいと思っているのか」という点を把握し，ゴールを明確にします。

・ステップ３「解決案のブレインストーミング」（p.98参照）…実現の可能性にとらわれずに，創造的な思考法で複数の解決案を出してもらいます。例えば，「頑張る」「親切にする」など抽象的な案ではなく，「漢字を１日10個覚える」「相手より先に挨拶をする」など具体的な行動で表現するようにしてください。
・ステップ４「解決案の検討」…「分析的思考法」（プラス面・マイナス面を考慮して，出された意見を絞り込む方法）を活用して，ステップ３で出された解決案について，そのプラス面，マイナス面を考え，解決案の検討を行います。
・ステップ５「解決案の選択・行動計画」…相談者が，提案された複数の解決案の中から最適だと思われる解決案を選択し，今後の行動計画を立てます。

❸問題解決の演習を行う

次に演習に入ります。４人グループになり，問題解決の５つのステップに沿って問題を解決へ導きます。「私の困りごとリスト」（p.103）にそれぞれが最近困っていることを記入します（時間内に解決できない深刻なものは避ける）。その中から相談したいことを１つ選びます。

次に役割を決めます。グループの１人が相談者になり，残りの３人がサポーターになります。サポーターの３人は，中心となって話を進める人，その人をサポートする人，記録係というように，役割を３つに分担します。実際のカウンセリングの場では紙にメモすることはしませんが，生徒はプロのカウンセラーではありませんので，「問題を解決する５つのステップシート」（p.102）にキーワードを記録して話の「可視化」を行います。このように記録をすることで，話が解決からそれないようにします。時間は全部で15分とります。グループによって終わる時間がバラバラにならないよう，ステップごとに時間を区切って行います。

❹感想を聞いて振り返る

傾聴することができたか，具体的なゴール設定ができたか，サポーターが解決案を押しつけることなく，相談者が解決案を決定できたかなどについて生徒が振り返ることができるよう，教師は発問やまとめの言葉を工夫してください。

> **POINT**
> 　３人のサポーターが真剣に話を聞き，解決案を出すことで相談者の問題がグループ全員の問題になります。話を聞いてもらうことで，相談者は問題を解決することができたり，問題解決につながらなくても気持ちが楽になったりします。振り返りでは，そうした前向きなコメントが生徒から出てくるように発問の内容や表現に気を配ってください。

問題を解決する５つのステップシート

１．問題の明確化（悩んでいること，困っていること，課題は何？）

２．ゴールの明確化（どうなりたいと思っているのか）

３．解決案のブレインストーミング

※１人１つに限らず，奇抜でおもしろいアイデアもどんどん出しましょう

①	②	③	④	⑤

４．解決案の検討

プラス面	プラス面	プラス面	プラス面	プラス面
マイナス面	マイナス面	マイナス面	マイナス面	マイナス面

５．解決案の選択・行動計画（具体的な行動計画を立てる）

私の困りごとリスト

No.	気になっている・困っている事柄	気になり度・困り度 （100点満点）
1		点
2		点
3		点
4		点
5		点
6		点
7		点

❺問題解決の力を身につける

30 紙上相談

所要時間 30分　　場所　教室

準備物　p.106〜107「紙上相談シート」(両面または見開きで1枚にコピーしたもの人数分)

プログラムの概要

前項p.100〜「29 問題解決スキルのロールプレイ」では，問題解決スキルの5つのステップに沿って，聞く力を身につけるプログラムで学んだ傾聴スキルを活用して，対面式で複数の選択肢を相談者に示す練習をしました。このプログラムでは，同様のスキルを使って紙上で相談を受ける方法を学びます。

進め方

❶活動の留意点を伝える

生徒に活動の留意点を伝えます。伝える項目は次のようなものです。
・紙上相談シートに従って行ってください。
・解決方法を決定するのはサポーターではなく相談者です。

❷紙上相談を開始する

4人のグループをつくり，配付された紙上相談シートに，各自が「1．あなたが困っていること，相談したいこと」と，「2．どうなりたいと思っているのか（ゴールの設定）」を記入します。記入が済んだシートを自分の右隣の人に渡します。グループのメンバーは渡された相談の書かれたシートを各自で読み，それに対する解決策を考えていきます。

まず，解決案を見つけ出すために新しい情報が必要だと思われる場合は，その情報を得るための質問をシートの「3．解決策を見いだすために必要な情報を得るための質問（サポーター）」に書き加えます。

これを，4人のメンバーの間でシートが一周し，自分のところに質問の書かれた自分のシートが戻って来るまで続けます。

❸ 解決策を記入する

　自分のシートが戻ってきたら，そこに書かれた質問に対して「4．質問に対する情報の提供」で答えた上で，また自分の右隣の生徒に渡します。各メンバーは，p.98～で学んだ「28 ブレインストーミング」を参考にして，「5．解決策をどんどん出そう」に自分の考えた解決策を記入します。これもシートが一周して自分のところに戻ってくるまで続けます。

❹ 解決策を選択する

　シートが自分のところに戻ってきたところで，他のメンバーの記入した解決策を参考にして，「6．やってみようと思う解決策とその理由」をシートに書き込みます。最後に紙上相談でサポートされた感想を話し合い，グループとして感想を共有して終了します。

　紙上での問題解決は，直接相手と対面をせず，紙を媒体にして相談や回答がなされるので，他人と話すのが苦手な生徒には取り組みやすいものとなります。

❺ 感想を聞いて振り返る

　「直接話して相談する場合と紙上で相談する場合ではどのような違いがありますか」
　「プログラムを体験して，感じたこと，気づいたことを教えてください」
などと質問することにより，生徒は自分の活動を振り返ることができます。前項で体験した対面式の相談と今回の紙上相談の違いや，どちらが自分には相談しやすいかなどについて考える機会になるよう，教師は，発問を工夫してください。

POINT

　活動を通じて，どのような気持ちになったかを数名に尋ねて振り返りましょう。相談シートという紙上でのやり取りですが，対面式の問題解決の場合と同じように他の3人のサポーターが相談者の問題解決のために取り組み，解決案を出します。活動を通じて，生徒が自分は一人ではないと感じ，悩みや困りごとを抱え込まないで，助けを求めることが大切であることを知ることができます。このことを生徒にしっかり伝えてください。

紙上相談シート

1．あなたが困っていること，相談したいこと

2．どうなりたいと思っているのか（ゴールの設定）

3．解決策を見いだすために必要な情報を得るための質問（サポーター）

1
2
3
4
5

4．質問に対する情報の提供

5．解決策をどんどん出そう

_____さんの考えた解決策

_____さんの考えた解決策

_____さんの考えた解決策

6．やってみようと思う解決策とその理由

【紙上相談でサポートされた感想】

❻社会で豊かに生きる力を身につける

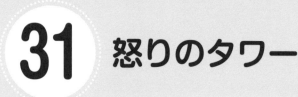

31 怒りのタワー

所要時間 40分　**場所** 教室

準備物 p.110「怒りのタワー」, p.111「振り返りシート」(それぞれ人数分), クレヨンまたは色鉛筆

プログラムの概要

　このプログラムは怒りをコントロールする方法を学ぶためのプログラムです。自分の怒りの体験をワークシートに記入することによって，怒りの感情は自然な感情であり，良し悪しはないということに気づくことができます。身体に表れる怒りの兆候をキャッチし，適切に対処することによって怒りをコントロールすることが可能となります。このプログラムを学ぶことで，怒りの感情が爆発して起こる生徒の問題行動を減少させることが期待されます。

進め方

❶今までの怒りの体験を思い出す

　今までに経験した，怒りを感じた体験をいくつか思い出すように生徒に指示します。その際「誰々に，こんなことをされた」など名指しはしないようにあらかじめ徹底させてください。

❷怒りのタワーに記入する

　次に，ワークシート「怒りのタワー」(p.110) を配付します。❶で思い出した体験がワークシートの「怒りのタワー」に示された図の中で，どの段階の怒りに相当するのかを考え，「できごと・体験」欄に書き込むように伝えます。次に怒りの各段階を自分のイメージする色で塗るように指示します。さらに，各段階の「温度」も書き込みます。
　次に，それぞれの怒りに応じて起きる「からだの感覚」を具体的に書き込みます。
　例えば「頭が痛くなる」「手が震える」「呼吸が荒くなる」「まばたきが速くなる」「早口になる」などといった怒りの段階に応じて起こる身体の変化のことです。
　最後に「怒りの奥にある感情」を見つけます。つまり，なぜ怒りを覚えるのかという根本的な怒りの原因のことです。この感情を「一次感情」と呼びます。
(例)・物を壊された→がっかりする→怒り

・ノートを返してくれない→テスト勉強ができず困る→怒り

　このように,「怒り」が一次感情の表れである「二次感情」であることが理解できれば,一次感情「テスト勉強ができず困るという感情」に対処すれば,怒りのコントロールが可能になることを学ぶことができます。

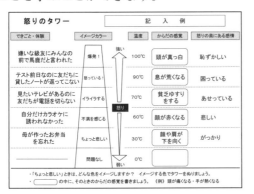

❸記入した内容を伝え合う

　次に4人組になり,「できごと・体験」「イメージカラー」「温度」「からだの感覚」「怒りの奥にある感情（一次感情）」の順にワークシートに従って伝え合います。この活動を通じて,怒りの感情の強さは人によって違うことを知ることができます。また,一次感情に気づけば怒りの感情はコントロールしやすくなることを理解することもできるでしょう。生徒が友人の身体に表れる怒りの感情をキャッチできれば,声をかけるなどして,気持ちを落ち着かせることができ,問題行動を未然に防ぐことにつながるようになります。

❹感想を聞いて振り返る

　振り返りシート（p.111）を記入して振り返ります。「あなたはどうやって怒りの感情をコントロールしていますか」などと教師から質問することで,生徒は自分の怒りの感情に向き合うことができます。怒りの感情が二次感情であることに気づくよう教師は適切に説明してください。

POINT

　怒りの感情は自分を守り,行動を起こすエネルギーになる自然な感情であり,良い悪いと一概に判断することができるものではないこと,また,それは二次感情であるということに気づくことで,怒りの感情はコントロールできるということを伝えてください。友人の身体や行動に怒りの感情が現れたと気づいたときには,積極的に介入するよう強調してください。例えば,怒りのあまり殴りかかる前兆として手が震えだす友人がいたとしたら,手が震える段階で止めに入るということです。

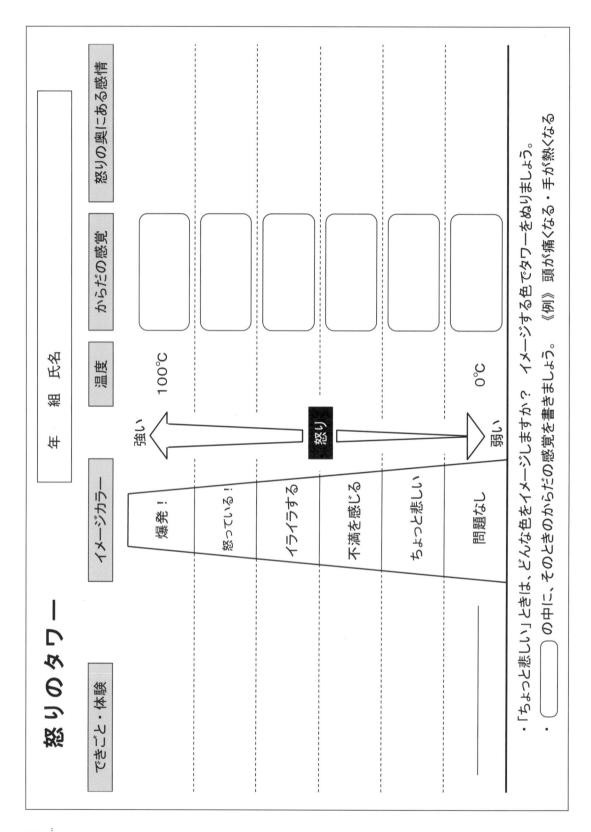

ワークシート

振り返りシート

　　　　　　　　　　　　　　年　　組　氏名

1　あなたは，身体に表れる怒りの兆候に気づくことができますか。

　　ア　はい　　イ　まあまあできる　　ウ　あまりできない　　エ　できない

2　あなたは，怒りの感情をコントロールできると思いますか。

　　ア　はい　　イ　まあまあできる　　ウ　あまりできない　　エ　できない

3　あなたは，怒りの感情は二次感情であることが理解できましたか。

　　ア　はい　　イ　まあまあできた　　ウ　あまりできなかった　　エ　できなかった

　　（例）物を壊された　→　がっかりする　→　怒り
　　　　　貸したノートを返してもらえない　→　テスト勉強ができなくて困る　→　怒り

4　あなたは，友人の身体に表れる怒りの兆候をキャッチできたとしたら，声をかけ，落ち着かせることができますか。

　　ア　できる　　イ　なんとかできる　　ウ　あまりできない　　エ　できない

5　この活動を通じて感じたこと，気づいたことを書いてください。

❻社会で豊かに生きる力を身につける

32 けんかの仲裁
対立解消（メディエーション）スキルを身につけよう！

所要時間 40分　**場所** 教室

準備物 p.114～116「けんかの仲裁役割シート」（グループ1つにつき3枚1組）

プログラムの概要

　今までに学んだ「良い聞き方」，「くり返し」，「要約」のスキルを用いて，けんかの当事者同士の話を聞きます。当事者の「事実」「気持ち」「願い（どうなりたいか）」を理解し，お互いの共通点を見いだすことができるようにして，双方の合意を形成するスキル＝対立解消（メディエーション）スキルを身につけるプログラムです。このスキルを身につけることで，教師の目が届かないところで起こっている生徒同士のもめごとやトラブルを他の生徒が仲裁することが容易になります。第三者である友人が仲裁することで，もめごとやトラブルが収まれば，いじめ防止につながることが期待されます。

進め方

❶活動の留意点を伝える
　生徒に活動の留意点を伝えます。伝える項目は次のようなものです。
・ロールプレイではその役割になりきってください。
・ロールプレイを終了するときに，対立している役の2人は握手をして終了してください。
　また，ロールプレイの実施の前に，2つの前提を提示しておきます。1つは「対立している両者（当事者同士）が仲良くなりたいと思っている」ということです。そして，もう1つは，当事者が感情的になっていると冷静に相手の主張を聞くことができないので，問題の解決に到達できないということです。感情をコントロールしなければ問題解決はできないのです。

❷役割を分担する
　上記の留意点を踏まえた上で，仲良しグループの待ち合わせ時間をめぐるトラブルという設定でロールプレイを行います。まず3人グループをつくり，Aさん役，Bさん役，仲裁者役を決めます。「けんかの仲裁役割シート」の「①共有情報」のシート（p.114）を仲裁者役に配付

し，Aさん役およびBさん役には「①共有情報」のシートに加えて，Aさん，Bさんのそれぞれもっている個別の情報（事情）が書かれた「②Aさん用シート」「③Bさん用シート」（p.115，116）を配付します。本来ならば，Aさんの情報はAさんのみ，Bさんの情報はBさんのみしか知らないという状況で行うのですが，そうすると活動のハードルが上がることが予想されますので，今回は3枚のシートを全員で共有した上で行うこととします。

　ここで，三者共通の情報（共有情報）と，Aさん・Bさんそれぞれしか知らない情報（事情）が書かれたシートを3人グループですべて読んで，生徒は自分の役割を確認します。

❸けんかの仲裁のロールプレイを始める

　ロールプレイを始める前に，ルールと，成功のための留意事項を説明します。

　ルールは，両者がお互いの言い分を聞くために①「相手の話をしっかりと聞く」，②「相手の話をさえぎらない」，③「自分の気持ちを正直に伝える」の3点です。

　成功のための留意事項とは，仲裁者は，対立を解決するためには，目に見える部分（行為・状況）だけではなく，目に見えない部分（感情・願い・頑張り）を対立している両者から引き出すことが重要であるということです。こうした説明に引き続いてロールプレイに入ります。

　仲裁者は，2人の「事実」「気持ち」「願い（どうなりたいか）」を聞き出します。どちらかが感情的になり話をさえぎって話し始めたら「相手の話をさえぎらないルールだったよね」と確認するなどしながら，2人を仲直りに導きます。各役割を5分ごとに交代して，Aさん，Bさん，仲裁者のすべての役割を体験できるようにします。Aさん，Bさんはロールプレイを終えるときは必ず握手をしてください。ロールプレイで演じた対立関係性を払拭するためです。

❹感想を聞いて振り返る

　「仲裁者を体験してどんなことを学びましたか」
　「プログラムを体験して，感じたこと，気づいたことを教えてください」
などと質問して，対立を解消するには，もめごとの表面に見える事柄だけではなく，当事者の気持ちや願いを聞くことが重要であることに気づくことができるようにしてください。

> **POINT**
> 　活動を通じて，どのような感想をもったかを数名に尋ねて振り返りましょう。一人ひとりの意見や考えを押し通すあまり，もめごとが起きるのは自然なことです。身の回りで起きているもめごとやトラブルを見つけたら，今回学んだ対立解消スキルを活用して，仲裁をするよう伝えてください。そうすれば生徒が自由に自己表現できる民主的で平和なクラス集団になるということもつけ加えてください。

けんかの仲裁役割シート
①共有情報

・このシートは，仲裁者に配付します。
・Aさん，Bさんには，この情報以外にAさん，Bさんそれぞれの情報が書かれているシートを配付します。

　AとBは，同じ学校の同級生で同じ仲良しグループに所属していました。Bは休日にグループで遊びに行くときに待ち合わせ時間に遅刻してくることが多く，AはそんなBに腹がたっていました。

　そこで先週の日曜日同じグループで映画に行くときに，AはBに待ち合わせ時間をみんなより30分早い9時半と伝えました。その日に限って，Bは時間通りに待ち合わせ場所に到着しました。

　結局Bはみんなの待ち合わせ時間まで待つことになりました。

　翌日のことです。ちょっとした拍子にBの不満が爆発し，AとBは教室内でけんかになりました。

　その場にいた友人がけんかを止め，その場は納まりましたが，お互いになんとかしたいと思っており，メディエーションが開かれることになりました。

けんかの仲裁役割シート
②Aさん用シート

・ここにある情報を変更してはいけません。
・このシートに自分の気持ちや言葉を加えてAさんになりきってみましょう。

共有情報（仲裁者もBさんも知っている情報）

> 　AとBは，同じ学校の同級生で同じ仲良しグループに所属していました。Bは休日にグループで遊びに行くときに待ち合わせ時間に遅刻してくることが多く，AはそんなBに腹がたっていました。
> 　そこで先週の日曜日同じグループで映画に行くときに，AはBに待ち合わせ時間をみんなより30分早い9時半と伝えました。その日に限って，Bは時間通りに待ち合わせ場所に到着しました。
> 　結局Bはみんなの待ち合わせ時間まで待つことになりました。
> 　翌日のことです。ちょっとした拍子にBの不満が爆発し，AとBは教室内でけんかになりました。
> 　その場にいた友人がけんかを止め，その場は納まりましたが，お互いになんとかしたいと思っており，メディエーションが開かれることになりました。

Aさんのみの情報

1　今回みんなで映画を見に行くことは自分（A）がみんなを誘って実現した。
2　今回の映画はみんなが好きな俳優が出ていて，絶対に観たかった。
3　Bはいつも時間にだらしがなく，約束してもいつも遅れる。そんなBのことを陰で悪口を言う仲間もいる。
4　だから今回はみんなにもBがいざというときは，きちんとしていることを見せたかった。
5　自分はBとは小学校のころから仲が良く，これからもみんなで仲良くしていきたい。

ワークシート

けんかの仲裁役割シート
③Bさん用シート

・ここにある情報を変更してはいけません。
・このシートに自分の気持ちや言葉を加えてBさんになりきってみましょう。

共有情報（仲裁者もAさんも知っている情報）

> AとBは，同じ学校の同級生で同じ仲良しグループに所属していました。Bは休日にグループで遊びに行くときに待ち合わせ時間に遅刻してくることが多く，AはそんなBに腹がたっていました。
>
> そこで先週の日曜日同じグループで映画に行くときに，AはBに待ち合わせ時間をみんなより30分早い9時半と伝えました。その日に限って，Bは時間通りに待ち合わせ場所に到着しました。
>
> 結局Bはみんなの待ち合わせ時間まで待つことになりました。
>
> 翌日のことです。ちょっとした拍子にBの不満が爆発し，AとBは教室内でけんかになりました。
>
> その場にいた友人がけんかを止め，その場は納まりましたが，お互いになんとかしたいと思っており，メディエーションが開かれることになりました。

Bさんのみの情報

1　最近，部活の試合前で練習が厳しいせいか，朝になかなか起きられない。休日，遊びに行くときには，気が抜けて寝坊してしまうことが多い。
2　このごろ友達がちょっと冷ややかに自分に接しているように自分では感じている。こう遅刻ばかりではやばいなと自分でも思っていて，不安なときが時々ある。
3　そんなとき，小学校のころから仲が良かったAから映画に行かないかと誘われたのがうれしかった。今回の主人公を演じている俳優は自分も好きだ。
4　自分でもこれをきっかけにもう少しきちんとしようと思い約束を守ったのに，Aに裏切られた。
5　これからも仲良くしていきたいのに…

コラム

リラクゼーション

　休み時間から授業，実技科目から座学への気持ちの切り替えができない生徒が増えてきていると感じます。いつもどこかピリピリ・ぎすぎすとしていて感情のコントロールが苦手な生徒も多いと感じることが，みなさんにもあるのではないでしょうか。このような状況の中，朝や帰りの会，授業の前にリラクゼーションを実施して生徒の心を落ち着かせることが問題行動の予防につながるのではないかと考えられます。

　本書で紹介するプログラムの前に行うことも効果的です。特に，「❻社会を豊かに生きる力を身につける」のプログラムなど，自らの怒りや友人との対立を取り扱うものの前に行うと，落ち着いた気持ちで取り組むことができるようになり，おすすめです。

❶リラクゼーションの流れ

　ここで紹介する「リラクゼーション」とは，全身の力を抜き，腹式呼吸を行い，力が抜けたところでポジティブなメッセージ（「吐く息とともに不安などが排出される」，「吸う息とともに新鮮な空気と意欲が取り込まれる」）を付加することによって，不満・不安等の否定的要因を削除する一連の動作を言います。

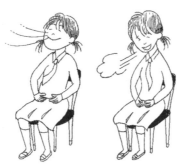

❷リラクゼーションの実際

　電気を消し教室をできるだけ暗くして，落ち着ける音楽をかけます。
　そして，教師は次のような言葉を生徒にかけます。
　「ただいまからリラクゼーションを始めます」
　「姿勢を整えて，目を閉じてください」「吐くことを意識して呼吸してください」
　「これから私の言うメッセージを心にしみ渡るように聞いてください」

「まず，身体の力を抜きます」
「下半身からいきます。足首の力を抜いてください」
「足首から足の裏を通ってフロアに力が抜けていきます。じわじわと抜けていきます」
「次に上半身にいきます」
「肩の力を抜いてください。肩から力が抜けていきます」
「どんどん抜けていきます。とても軽くなっています」
「首から上の力を抜きます。口を半開きにしてください」
「ぐらぐらするのは力が抜けている証拠です。首から上の力が抜けていきます」
「身体全体の力が抜けています。とてもいい気分です。十分味わってください」
「最後に腹式呼吸を行います。鼻から吸って，口から吐き出します」
「それではいったん口から息を吐き出します。はい，吐き出して下さい」
「お腹がだんだんへこんでいきます。さらに，へこんでいきます」
「鼻から吸って，1，2，3，お腹が膨らんでいます。4で止めて，口から吐いて5，6，7，8，9，10」（2回実施）
「後は自分のペースで進めてください」（50秒実施）
「息を吐くときは，嫌なことや不安なことも一緒に外へ出ていくようイメージしてください」
「息を吸うときは，外から新鮮な空気が身体いっぱいに入ってくるようイメージしてください」
「はい，時間です。目を開いてください」

❸消去動作

　次に消去動作を行います。座ったまま両手を高く上げ背伸びを2回行います。次に両手を前に出し，拳をグー，開いてパーを2回くり返します。これで消去動作は終了です。リラクゼーションの後は，くらくらしたり，頭がぼんやりしたりすることがあります。何らかの形で必ず消去動作を行ってください。

❹リラクゼーションの実施上の留意点

　照明を暗くし，音楽をかけるなどして，リラクゼーションが行いやすい環境をつくってください。環境調整をすることで，生徒は心地良い気持ちになり，リラクゼーション継続への動機づけとなります。

ピア・サポーターの育成

1 ピア・サポーター育成の意義

　第2章では，学級単位で行っていただける，ピア・サポートを生かした学級づくりプログラムを紹介してきました。しかし，ピア・サポートの最終的な目標は，困ったり，悩んだりしている他者を支援することです。そのために，委員会や有志の生徒を集め，1年間で体系的にピア・サポートを学ぶトレーニングを実施し，困ったり，悩んだりしている他者の話を傾聴し，支援できるようなピア・サポーターを育成することが有効だと考えられます。
　第3章では，私が実際に行ってきた，ピア・サポーターの育成についてご紹介させていただきます。

　ある中学校の調査では「悩みがあったり，困ったことがあったりしたときには誰に相談しますか？」という問いに対して，「友達」と回答している生徒が一番多いという結果が示されています。また「クラスの中で一人の子が学校になかなか来られなくなってしまいました。あなたはどうしますか？」という質問に対して約25%の生徒が「気になるけど，どうしていいかわからない」と答えています。いじめを止めてもらいたい人の第1位は友達であるという調査結果もあります[1]。「人の役に立つ人間になりたい」という回答が，対象の中学生の93%を占めたという調査結果も報告されています（第1章p.9参照）。これらの結果から，悩みがあり困っている生徒を他の生徒が支援する，ピア・サポートのスキルを生徒自身が身につけることが重要であると考えられます。こうした観点から，放課後や学級活動，総合的な学習の時間を活用して，生徒を対象にピア・サポートのスキルを身につけるように指導してきました。ピア・サポートのスキルを生徒自身が身につけることができたならば，共感的な生徒が増え，学級や学校が安心・安全な場に変容します。その結果，生徒一人ひとりに居場所ができ，不登校・いじめの減少につながるのではないかと期待されます。

2 トレーニングの流れ

　ここでは希望者対象の1回あたり約1時間，合計9回の「トレーニング」法を紹介します。基本的プログラムは8回で終了し，第9回は，今後の活動のプランニングとトレーニングを修了したことに対する称賛に当てます。
　1回のトレーニングは，アイスブレイキング→主活動→振り返り→プランニング（日常生活

への般化）で構成されています。「アイスブレイキング」は，短時間でリラックスした雰囲気をつくり出すことが目的です。「主活動」は，まず活動の目標を明確に説明し，続いてデモンストレーション，さらに活動の順序で行っていきます。通常，大部分の生徒はスムーズに「主活動」に入っていきます。振り返りは，「学びが我が事」になり，次回の活動の改善につながるので必ず行います（第1章p.16参照）。プランニングは，振り返りの中で気づいたことや学んだことを，生活の中のどんな場面で生かせるかを考えることです。

年間を通したトレーニング全体の内容と構造は以下の4段階です。

①これから始まるトレーニングをスムーズに進め，良好な人間関係を構築するための「人間関係プログラム」
②内容・感情の理解・伝達を目的とした「コミュニケーション訓練（傾聴・アサーショントレーニング）」
③受講者自身が他者の相談を受ける状況における，内容・感情・願い・方法の検討を身につけるための「問題解決スキル」の学習
④受講者自身が仲介を行う状況を想定し，当事者同士の合意形成・契約・内容・感情・願い・方法の検討を身につけるための「対立解消スキル」の学習

この4段階の構造には順序性があり，①「人間関係プログラム」，②「コミュニケーション訓練」を学習しないで，③「問題解決スキル」や④「対立解消スキル」を行ってもうまくいきません。これはトレーニングを円滑に行うために重要な留意点となります[2]。

プログラムの順序性について前述しましたが，受講者の間に良好な人間関係が既にあり，コミュニケーションスキルの学習に基づいて，もめごとやトラブルを減少させることが当該の教育現場で喫緊の課題となっている場合は，②「コミュニケーション訓練」の後に④「対立解消スキル」を学び，最後に③「問題解決スキル」を学ぶという流れに変更しても良いでしょう[3]。また，④「対立解消スキル」はもめごとを起こしている2人の当事者に介入して，事実や気持ち，願いを平等に聞き，それをもめごとの当事者に返すことによって合意を得る作業です。これは，②「コミュニケーション訓練」の「傾聴」ができないとうまくいきません。受講者がこうしたプログラムを学習する中で，最も難しい④「対立解消スキル」にチャレンジすることにより，結果として，受講者はコミュニケーションの基本である「傾聴」の大切さを改めて知ることができるのです。

全9回（1回50分）のプログラム内容の例

回	トレーニングのねらい	活動内容	
1	・ピア・サポートについて知る ・人間関係づくり①	ガイダンス（ピア・サポート活動とは）／バースデイライン／ネームゲーム／足し算トーク／チャレンジ・ザ・迷画／振り返り	①人間関係プログラム
2	・人間関係づくり②	パーフェクト・ザ・ニコイチ／質問じゃんけんで自己紹介＆ホメホメワーク／振り返り	①人間関係プログラム
3	・上手な伝え方のコツを学ぶ ・良い聞き方・悪い聞き方の違いに気づく	上手な伝え方／良い聞き方・悪い聞き方／良い聞き方の効果について説明／振り返り	②コミュニケーション訓練
4	・双方向によってコミュニケーションが成り立つことに気づく ・自分を他者に任せるワークを通して，安心感や心地良さ，不安感を体験する	一方通行と双方向のコミュニケーション／トラストウォーク／振り返り	②コミュニケーション訓練
5	・くり返しの技法を学ぶ ・要約の技法を学ぶ	前回の復習／くり返しの技法／要約の技法／人生の選択／振り返り	②コミュニケーション訓練
6	・自分の「代表システム（視覚・聴覚・身体覚）」の優劣と相手の目の動きで相手の代表のシステムを知る	木とリス／小講義／3人組で自分の視覚・聴覚・身体覚を知るワーク／人間鏡／振り返り	②コミュニケーション訓練
7	・問題解決のスキルを学ぶ	問題解決スキルのロールプレイ／閉じた質問・開いた質問／ブレインストーミング／振り返り	③問題解決スキル
8	・対立解消（メディエーション）スキルを学ぶ	対立解消スキルの説明／対立解消スキルのロールプレイ（けんかの仲裁）／対立解消スキルを学ぶ意義／振り返り	④対立解消スキル
9	・支えられていることに気づく ・マイ・ピア・サポート・プランを作成する ・勇気づけのメッセージを交換して参加者の動機づけを高める	ピア・サポート・アンケート／マイ・ピア・サポート・プランの作成／勇気づけメッセージの交換	プランニング

3 ピア・サポーター育成の効果

　ピア・サポーターの育成の効果を社会的欲求理論に基づいて説明してみましょう。M・トンプソンら（2001）は，特に人や社会とのかかわりを求める欲求，つまり，社会的欲求には，「交流欲求」「承認欲求」「影響力欲求」の3つの欲求の存在があると指摘しています[4]。基盤になるのが交流欲求です。人はまず，誰かとつながり，安心感を得ようとします。そして，ある程度つながりが得られると，次に承認欲求が起こります。単につながっているだけではなく，他の人から認められたいという欲求が起こるというわけです。この欲求が満たされることで，自己肯定感を得ることができます。さらに，ある程度，他の人から認められると，今度は自ら他の人に働きかけ影響を及ぼしたいという欲求，つまり影響力欲求が起こります。他者に影響を及ぼすことで，自己効力感や有用感が得られます。

　ピア・サポート活動において，サポーター（サポートする側）は，サポート活動を通じて，上位の欲求である影響力欲求を充足できます。このサポート活動や感謝される経験を通して，「自分も人の役に立てる」という「喜び」や「誰かに必要とされる」ことへの「自信」といった自己効力感や有用感が強化されていくのです。そして，その感覚が，社会に貢献したいという思いを育むことにつながっていくわけです。

　一方，被サポーター（サポートを受ける側）は，サポートされる経験を通して，交流欲求が，豊かな情緒的交流により満たされます。それだけでなくサポーターから認められたりほめられたりすることで，承認欲求も満たされます。さらにいろんな人と会って刺激を受けたい。また，出会った人に笑顔になってほしい。元気になってほしい。何らかのヒントなど，得るものを提供したい。できれば，その人の人生に何らかの良い影響を与えたい，という影響力欲求も満たされます。つまり，ピア・サポートは，サポーターも被サポーターも，それぞれの欲求が自然な形で満たされるわけです（1章 p.10「❹ピア・サポートの強み」参照）。その結果，生徒たちはそれぞれの自己実現に向かって主体的に動き出すことができるのです。

　ここでピア・サポート・トレーニングを実際に受けた児童・生徒の変容についてのエピソードを紹介します。

❶小学校のエピソード

　小学1年生の教室での出来事です。A君，B君，C君が教室を走り回っていたので，他の子が「やめてほしいから，ピア係さんと話し合いたい」（このクラスではピア係をつくっている）と言い，丸くなって話し合いを始めました。はじめは，3人ともどうして走り回っていたのか言えなかったのですが，ピア係が順番に話を聞いていくうちに，A君はB君を追いかけたりた

たいたりしていたことがわかりました。しかし，B君はそれが嫌だと言えなかったので，A君はB君の嫌な気持ちがわからなかったそうです。ピア係は，A君に「B君は嫌だったんだって，嫌な気持ちわかった？」と尋ね，A君は頷きました（A君は担任が指導すると，落ち込んで何も言えなくなります）。さらにピア係は，B君に「嫌なときは，言わないとわからないよ。これから言える？」と尋ねました。一方C君は，この2人の行動とは直接関係なくただ走りたくて走っていたらしいので，「一緒に外でリレーの練習をしようよ。いっぱい走れるよ」と声をかけ，C君も頷きました。訴えてきた子にもピア係は「安心した？」と声をかけ，みんな安心して席に着きました。

❷中学校・高校のエピソード

　ピア・サポート講座の翌日，1年生のある教室で2人の生徒が些細なことを理由に口論になりました。担任が止めに入ろうとしたとき，「ちょっと待って！　どうしたの？」と前日のピア・サポート講座を受講した2人の生徒がその間に止めに入りました。「今，けんかになってたけど，どうしたの？」，「○○君は～で怒っていたんだね」，「逆に△△君は～が嫌で怒っていたんだね」とお互いの事情を聞き，それぞれの言い分を伝えました。最終的には，お互い納得し，謝罪して口論は収まりました。ピア・サポート講座を受けた2人が見事にけんかの仲裁をしたのでした。

　ピア・サポートの効果は個人対個人の相談やもめごとの仲裁のみならず，集団（チーム）としてのあり方がより好ましい方向に向かうきっかけともなるようです。筆者の見聞したものをいくつか紹介します。

　ピア・サポートを取り入れたある中学校では，体育際の学年縦割りの結団式の折に，今までは3年生の団長が，自分の団が勝つために下級生にいろいろ指示命令をしていたのが，3年生の団長が，まず，ピア・サポートで学んだ人間関係プログラムを実施して良好な人間関係を構築した後，小グループで輪になって団の目標について話し合いをするようになりました。指示命令を一方的に伝えることから，コミュニケーション重視の運営に変わったのです。

　また，高校の事例としては，ピア・サポートを学んだ生徒たちがチームとして，発達障害のある生徒を組織的に支援し，その保護者や支援者から喜ばれていたことがあります。

　さらに，ピア・サポート・トレーニングを受けた中学校の生徒会役員が，教師の成長に影響を与えた事例もあります。学校のイベントを行う際に，生徒たちが，企画・準備・運営まで主体的に取り組みました。生徒会役員同士がピア・サポート・トレーニングとサポート活動を通じてつながり，「他からやらされている」のではなく，「自らつくり上げていく」姿を見て，生徒会担当教師は，今まで教師が指導しなければ生徒は動かないという狭い考えをもっていたことに気づき，教師として成長することができたという感想を述べています。

ピア・サポートについてもっと学ぶために

最後に,ピア・サポートを学ぶための参考書籍をいくつかご紹介いたします。

- 日本ピア・サポート学会企画,春日井敏之・西山久子・森川澄男・栗原慎二・高野利雄編著『やってみよう！ピア・サポート』（ほんの森出版,2011年）
- 森川澄男監修,菱田準子著『すぐ始められるピア・サポート指導案＆シート集』（ほんの森出版,2002年）
- 滝充編著『ピア・サポートではじめる学校づくり 中学校編―「予防教育的な生徒指導プログラム」の理論と方法』（金子書房,2004年）
- 田上不二夫編著『対人関係ゲームによる仲間づくり―学級担任にできるカウンセリング』（金子書房,2003年）
- 青木将幸『リラックスと集中を一瞬でつくる アイスブレイク ベスト50』（ほんの森出版,2013年）
- 諸澄敏之『ＰＡ系ゲーム109：手軽で楽しい体験教育』（杏林書院,1999年）
- 池島徳大監修・著,竹内和雄著『ピア・サポートによるトラブル・けんか解決法！』（ほんの森出版,2011年）
- 栗原慎二編著『いじめ防止６時間プログラム いじめ加害者を出さない指導』（ほんの森出版,2013年）

参考文献一覧

●第1章

[1] 文部科学省「平成28年度『児童生徒の問題行動・不登校等生徒指導上の諸課題に関する調査』(速報値)」(2017年10月)

[2] 内閣府「平成29年度 青少年のインターネット利用環境実態調査 調査結果(速報)」(2018年2月)

[3] 株式会社エスケイケイ「『暇な時,何をしていますか?』 〜余暇の過ごし方から見た,現代の若者考〜」『ripre 〜2012 Autumn Vol.2〜』

[4] 文部科学省・国立教育政策研究所「平成30年度全国学力・学習状況調査報告書 質問紙調査」(2018年7月)

[5] 「生徒理解のための検査『Σ検査』」(平成26年度静岡県立浜松江之島高等学校新入生対象)

[6] 日本ピア・サポート学会『トレーナー養成ワークショップ標準テキスト Version 3』(2016年)

[7] 栗原慎二『マルチレベルアプローチ だれもが行きたくなる学校づくり』(ほんの森出版,2017年)

[8] Nakano Yoshiaki (2003) "Counseling Systems as a Means of Preventing Delinquency." In G.Foljanty-Jost (Ed.) Juvenile Delinquency in Japan: Reconsidering the "Crisis". Leiden・Boston: Brill, pp. 199-210.

[9] Hazler, R. (1996) "Breaking the cycle of violence: Interventions for bullying and victimization" Accelerated Development, Inc.

[10] 中央教育審議会「我が国の高等教育の将来像(答申)」(2005年1月)

[11] PISA (2003, 2006, 2009),文部科学省中央教育審議会初等中等教育分科会高等学校教育部会第15回資料4-2「PISA(OECD生徒の学習到達度調査)の概要」(2012年)

[12] 内閣府「平成25年度 我が国と諸外国の若者の意識に関する調査」(2014年6月)
(調査対象:満13歳〜満29歳 調査時期:平成25年11月〜12月 調査方法:WEB調査)

[13] 堀裕嗣『スクールカーストの正体 キレイゴト抜きのいじめ対応』(小学館,2015年)

[14] ・J.R. ギブ,三隅二不二監訳「信頼形成のための風土」『感受性訓練 Tグループの理論と方法』(日本生産性本部,1971年)
・南山短期大学人間関係科監修,津村俊充・山口真人編『人間関係トレーニング 第2版』(ナカニシヤ出版,2005年)

その他,第1章においては下記書籍を参考としている。

・『現代のエスプリ』502号(2009年5月号)「ピア・サポート」(ぎょうせい)
・杉江修治『協同学習入門』(ナカニシヤ出版,2011年)
・小林昭文著,フランクリン・コヴィー・ジャパン監修『7つの習慣×アクティブラーニング』(産業能率大学出版部,2016年)

●第２章
- １，16，18，25，28，29，30
 …日本ピア・サポート学会『トレーナー養成標準プログラムテキストブック Version 3　演習用シート』
- ２，３，５，８，10…青木将幸『リラックスと集中を一瞬でつくる　アイスブレイク　ベスト50』(ほんの森出版，2013年)
- ７…諸澄敏之『PA系ゲーム109：手軽で楽しい体験教育』(杏林書院，1999)
- 11…ウイリアム・J・クレイドラー，リサ・ファーロン，リビー・コウレス，イラサハイ・プラウティ著，プロジェクトアドベンチャージャパン訳『対立がちからに：プロジェクトアドベンチャーの実践　グループづくりに生かせる体験学習のすすめ』(みくに出版，2001年)
- 13…田上不二夫編著『対人関係ゲームによる仲間づくり―学級担任にできるカウンセリング』(金子書房，2003年)
- 21…玉木敦「子ども同士のかかわりをつくるワークシート　第７回　聞き方名人になろう！」『月刊学校教育相談』2010年10月号 pp.38-39（ほんの森出版）
- 22…國分康孝監修『エンカウンターで学級が変わる　Part 3　中学校編』(図書文化，1999年)，ワークシート「①相手の話を要約しよう！」「②人生の選択」作成者：橋本登（さいたま市北浦和小学校学校地域連携コーディネーター）
- 23…・米田薫「確かな社会性と豊かな感情を育てるキラキラプログラム　気持ちのよい頼み方をしよう」『月刊学校教育相談』2015年10月号（ほんの森出版）
  - 米田薫「確かな社会性と豊かな感情を育てるキラキラプログラム　無理なことは上手に断ろう」『月刊学校教育相談』2015年11月号（ほんの森出版）
- 24…平木典子『自己カウンセリングとアサーションのすすめ』(金子書房，2000年)，ワークシート構成原案者：ユマニテク短期大学　鈴木建生
- 31…ワークシート「怒りのタワー」原案者：越智泰子・大東和子・棚橋厚子・加島ゆう子
- 32…田中圭子『聴く力伝える技術』(日本加除出版，2012年) p.212（題材提供：山口権治）
- コラム…山口権治「リラクセーションが生み出す落ち着いて集中できる授業」『月刊学校教育相談』2013年１月号，ほんの森出版）

●第３章
[１] 栗原慎二編著『いじめ防止６時間プログラム　いじめ加害者を出さない指導』(ほんの森出版，2013年)
[２] 日本ピア・サポート学会「トレーナー養成標準プログラム」
[３] 大阪府立茨田高等学校における事例としての対立解消のスキル（ピア・メディエーション）の導入が，生徒がもめごとに介入する場面の増加ではなく，もめごとそのものの減少という結果としてあらわれたとの報告がある。池田径「仲間同士でいざこざを解決するピア・メディエーションの取り組み」『月刊学校教育相談』2014年７月号 pp.12-17（ほんの森出版）
[４] 金山健一「欲求理論から，子どもとの「適切な距離」を考える」『月刊学校教育相談』2018年10月号 pp.18-21（ほんの森出版）

【著者紹介】
山口　権治（やまぐち　けんじ）
昭和31年（1956年）静岡県浜松市生まれ，県内の公立高校で英語教員として教鞭を執るかたわら，課外活動として生徒同士が助け合い，支え合うピア・サポートを指導。ピア・サポーターとして育成した有志の生徒たちと共に，校内をはじめ，近隣の小中学校へ出向きピア・サポートを指導してきた。平成28年には高校時代の教え子と共に大学生のピア・サポート・インターカレッジ・サークル「ピアーズ」を設立，顧問に就任。さらに平成29年日本ピア・サポート学会静岡支部を立ち上げ，不登校・いじめの未然防止を目指したピア・サポートの普及に努めている。

第一学院高等学校顧問，浜松市教育員会教育総合支援センター非常勤。ピア・サポート・コーディネーター，公認心理師，上級教育カウンセラー，学校カウンセラー，産業カウンセラー。

中学校・高校
ピア・サポートを生かした学級づくりプログラム

2019年4月初版第1刷刊　©著　者　山　口　権　治
2024年1月初版第5刷刊　　発行者　藤　原　光　政
　　　　　　　　　　　　発行所　明治図書出版株式会社
　　　　　　　　　　　　　　　　http://www.meijitosho.co.jp
　　　　　　　　　　　　（企画・校正）小松由梨香
　　　　　　　　　　　　〒114-0023　東京都北区滝野川7-46-1
　　　　　　　　　　　　振替00160-5-151318　電話03(5907)6701
　　　　　　　　　　　　ご注文窓口　　電話03(5907)6668
＊検印省略　　　　　　　組版所　株式会社カシヨ

本書の無断コピーは，著作権・出版権にふれます。ご注意ください。
教材部分は，学校の授業過程での使用に限り，複製することができます。

Printed in Japan　　　　　　　　　ISBN978-4-18-259029-0
もれなくクーポンがもらえる！読者アンケートはこちらから→